季刊フォーラム

# 教育と文化

# 100

2020 Summer

2020 Summer
季刊フォーラム
教育と文化 100

もくじ

特集
クライシスの後で―
# 戻るべき「日常」とは？

特集

クライシスの後で――戻るべき「日常」とは？

# 被災地の子どもたちのいま

平山《ひらやま》　朋子《ともこ》

大阪経済法科大学客員研究員。専門は教育実践。著書に『被災地の通学路―熊本地震から3年―』（アドバンテージサーバー）、共著に『検証　福島第一原発事故』（原子力情報資料室編、七つ森書館）等。

▼　仙台市立荒浜小学校の教室。2017年5月より震災遺構として公開されている。

## はじめに――節目とまわり道の話

今年の一月一七日は、東遊園地（神戸市中央区）で行われる「阪神淡路大震災1・17のつどい」に、例年より多くの人が集まった。この追悼行事は、前日一六日から竹灯籠の準備が始められ、翌朝五時に火がともって記帳と献花が始まる。あの日は、たとえそこに訪れるのが初めての人であっても、早朝三宮か元町周辺に行って人々の列についていけば、必ず東遊園地まで辿り着けるだろう。オレンジ色の街灯に白い息が照らされる。多くの足音が重なって響く。そんな追悼へ向かう道に合流すると、神戸の町に来たという感じがする。それにしても今年は、敷地に入ってから「きざむ1・17」の形に並べられた竹灯籠の前に行くまで時間がかかった。阪神・淡路大震災が発生した五時四六分を迎えた時は、周りの人のダウンジャケットの弾力を感じながら、目を閉じた。その後、芦屋市立精道小学校での追悼式に向かった。そこで会った知り合いと東遊園地の追悼行事の話になって、「いつもより人が多かったのは、今年が阪神・淡路大震災から二五年ていう『節目』の年だからなのかな」と言った。自分でそう言った後に、違和感があった。これまで、災害から何年、という報道の中で何度も「節目」という言葉に触れてきたはずだったが、自分の言葉にはならないような、気に入らない感覚があった。振り返ると、被災した人たちが節目という言葉を使うのを聞いたことがない。それはいつも被災地の外側でつくられてきた。そして補助金を打ち切るための、支援を終わりにするための、追悼式をやめるための、報道をするための言い訳にされてはこなかったか。つくられた節目は、次第に間隔が広がっていく。きっとその果ては何もなかったことになる。

来年二〇二一年は、阪神・淡路大震災から二六年、鳥取県西部地震から二一年、芸予地震から二〇年、十勝沖地震から一八年、新潟県中越地震から一七年、能登半島地震と新潟県中越沖地震から一四年、岩手・宮城内陸地震から一三年、東日本大震災・

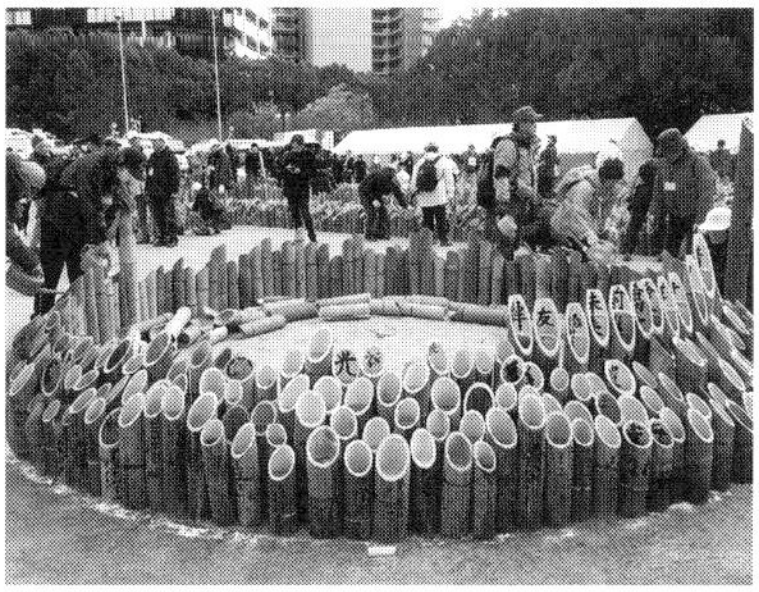

東遊園地で行われる「阪神淡路大震災 1.17 のつどい」の前日準備の様子。

東遊園地にある「マリーナ像」。震災で倒れた。

原発災害から一〇年、熊本地震から五年、大阪府北部地震と北海道胆振東部地震から三年を迎える。これは一九九五年以降に発生した地震の一部に過ぎない。発生から一定の時が経てば災害についての言論は社会から消えていくが、被災者はそれとはまったく別の道を辿ることになる。

　被災地では、「喪失」を目の当たりにすることが多い。一方で、与えられるものがあって拾うものがある。取材ではいつも、人に話を聞く時も写真を撮る時も、喪失の実態をつかむと同時に、自然とその反対側も記録しようとしている。

　二〇一九年の三月一一日は、宮城県の名取市を訪れた。東日本大震災において、名取市では震度六強の揺れを観測、津波の高さは八・四メートルだったと記録が残っている。市の犠牲者は九五四名、行方不明者は三八名にのぼった（二〇二〇年三月一日、消防庁災害対策本部）。名取駅でタクシーをひろい、沿岸の閖上地区に向かった。タクシーに乗り込んだ瞬間、運転手に「ここらの人じゃないでしょ」と言われた。「どうしてわかったんですか？」と尋ねると、「見たらわかる」と言って運転手は優しく笑った。話していると、運転手は名取市の南、福島県との境に位置する山元町に住んでいて、震災の時は近所に住む高齢者をタクシーに乗せて避難所を往復したと教えてくれた。海が近づいてくると、運転手が「このへんの景色は本当に変わったなぁ」と呟いた。この日、宮城県では早朝から暴風警報が発令されていた。信号でタクシーが停まると、車体が風で揺れた。閖上の慰霊碑の前で、運転手に「ここで待っていてもらえますか」と声をかけてタクシーを降りた。一旦傘を差したが、この風雨の中では意味がないと知って閉じた。閖上の慰霊碑は「種の慰霊碑」と「芽生えの塔」からできており、「種の慰霊碑」には「亡き人を悼み 故郷を思う 故郷を愛する御霊よ 安らかに」と刻んである。慰霊碑の高さは津波と同じ、八・四メートルとなっている。すでにたくさんの花が供えられている慰霊碑の前に、持っていた

閖上の慰霊碑。

花を置いた。慰霊碑の隣には高さ六・三メートルの日和山という小さな山があって、山の上には、一度は津波で流失し二〇一三年に再建された富主姫神社の社殿がある。そこは閖上地区一帯を見下ろせることから、地域の祈りの場となっているという。頂上につながる階段を上って更地になった町を見ていると、下からおばあさんがゆっくりと上がってきた。そして社殿の前で小さな体を折りたたむようにしゃがみ、傘を首と肩の間に挟んで手を合わせた。風の音で聞き取れなかったが、何かに話しかけているようだった。振り向いた時は、溢れる涙を手でぬぐっていた。おばあさんが前を通り過ぎて慎重に階段を下りていった後も、しばらくカメラを持ったまま動くことができなかった。みぞおちのあたりが絞めつけられて体が硬直する。時々こんな感覚になることがある。そこにあるはずの痛みをどんなに想像して被災地に入ったとしても、現実のそれは想像を遥かに超えていて、受け止めきれないから、動き出せるまで待つしかない。日和山にはその後も何人か遺族と思われる人たちが訪れた。山から下りると、運転手がタクシーの前に立って手を振っていた。その仕草が温かくて、体の感覚を取り戻した気がした。歩く距離が短くてすむようにタクシーを近くに寄せてあった。服と髪を絞ってから座席が濡れないように持って

▼ 富主姫神社から見た閖上地区。海までは更地となっている。

いたタオルを敷いて座ると、運転手は「そんなこと気にしなくていいから。良かったらこれ使って」と言って、きれいに畳まれたハンカチを差し出してくれた。

熊本地震の後は、被害の大きかった益城町をよく歩いた。初めて訪れたのは地震から七ヶ月後の二〇一六年一一月で、倒壊したままの家やブルーシートに覆われた家がいくつもあった。一九八〇年に建てられた鉄筋コンクリート造の町役場は地震によって大きく損壊し、渡り廊下には亀裂が入っていた。その時に撮った写真を見返すと、軸が少し傾いていることに気付く。波打つように隆起した道の上で斜めに立つ電柱を見ながら歩く中で、きっと平衡感覚が乱れていたんだろう。翌年二〇一七年の七月に益城町の木山と宮園周辺を歩いていると、一軒の家が目に留まった。と言っても、もう家の形を成してはいなくて、家を構成していた木の破片が積み重なっている状態だった。地震から一年と三ヶ月が過ぎようとする時期で、周りの家は更地になるか建て直されていたため、余計にその一角が目立っていた。撮影の許可をもらおうと辺りを少し歩いたが、人に会うことはできなかった。家の前に戻り、どこにも発表せずに自分の記録として持っておこうと決めて、シャッターを切った。それから何度か同じ場所を歩いたが、景色は

旧益城町役場。渡り廊下に亀裂が入っている。

変わらなかった。家に住んでいた人はどうなったのか、ずっと気になっていた。

二〇二〇年二月、家のあった場所が更地になっていることに気付いた。近くの川の護岸工事も終わって、川沿いには新築の家が並んでいた。木山橋から宮園橋までのまぶしいほど白く新しい道を、歩いてみようと思った。川には魚がいるらしく、多くの鳥がいた。釣りをする親子ともすれ違った。以前は感じることのできなかった生活の熱気や生き物の息づかいに触れながら、ゆっくり歩いた。宮園橋まで行くと、橋の上から川を見ていたおじいさんに「高校生ですか？」と声をかけられた。慌てて「違います」と言うと、「熱心に写真撮りながら歩いてるけん、何か調べてるのかと思って」と返ってきた。そう言われれば、確かに自由研究のように見えなくもない。おじいさんと同じように橋の欄干に手をかけて下を見ると、川面が光ってきれいだった。話していると、おじいさんは地震で自宅が損壊したため夫婦で避難所に入り、その後仮設住宅に移ったことを教えてくれた。そして先月、仮設住宅から橋の近くの復興団地に引っ越してきたとのことだった。「元々住んでいたお家はどのあたりにあったんですか？」と聞くと、丁寧に場所を教えてくれて、あの二〇一七年に写真を撮った家がおじいさんの家だったことがわかっ

た。うれしい偶然に、勢いよくこれまでの経緯を説明している間、おじいさんはずっとにこにこしながら聞いていた。無事でいてくれて良かったと、心から思った。再会を誓って別れた後、来た道の対岸を歩いていると、前から来た車の窓が開いて「この先の道は通れますか?」と聞かれた。「あそこの宮園橋までは行かれます。その先は通行止めです」と答えると、運転手は「ありがとう」と軽く手を挙げて、車を直進させた。いつか道が直ったら、宮園橋の向こうまで歩いてみよう。

二〇一八年の一一月は、熊本市内からバスに乗って熊本県御船町を訪れた。以前御船町の教員に取材をしたことから、町の景色を見ておきたかった。熊本地震で大規模な土砂崩れと斜面崩落を起こした国道四四五号は工事が終わって、通行止めは解除されていた。国道沿いには田んぼが広がり、稲の刈り取られた跡が規則正しく並んでいた。しばらく歩いていると、道の脇に広がる畑の草むらがゴソゴソと音を立てながら揺れていることに気付いた。小鳥かと思って観察していると、突然「ガーッ」という鳴き声とともに鳥が飛び立った。予想以上の鳥の大きさにこちらまで声を上げ、カメラを落としそうになった。後で調べたらそれはアオサギという鳥で、九州では越冬のために飛来するらしい。全長一メートル弱、翼を広げると一五〇セン

▼益城町木山周辺。橋が壊れているため渡れないようになっている。

チ～一八〇センチにもなる。初めて見るこの大きな鳥を写真に収めたくなった。しかし餌を探しているのか、少し飛んでは畑の中に身を沈めるのを繰り返していて、なかなか撮影ができない。その後アオサギが隣の嘉島町方面に飛んでいくのを追いかけて、長いこと走ったように思う。最後はアオサギが田んぼの奥に小走りで入っていき、まかれてしまった。その頃には日が暮れかかっていて、予定のバスの発車時刻はとうに過ぎているし、バス停の場所など見当もつかなかった。坂道を上ってようやく停留所を見つけ出し、バスが来るまでの間、下を流れる御船川を眺めていた。川は西日を反射して、山は赤や黄に色づいていた。不意に、アオサギが川岸に降り立った。先ほどまで追いかけていたアオサギなのか、別の一羽なのかはわからなかったが、今度は立ったまま微動だにせず、撮影してもいいよ、と言っているようだった。

こんなまわり道の一つ一つが必要だったと確信を持って言える。通るはずのなかった道でしか見られない風景があって、出会えない人がいて、触れられない思いがある。ここでは二つの被災地、宮城県石巻市と兵庫県芦屋市の取材について記す。

復旧途中の熊本城。

## 再生——石巻の取材から

### 雄勝の被災

北上川を左に見ながら県道三〇号を北東に進む。高低差のある景色を、今は純粋にきれいだと思う。新北上大橋から県道三九八号に乗って雄勝町に入ったところに、雄勝ローズファクトリーガーデンはある。六月中旬に訪れると、手づくりのバラ園には今年も色とりどりの花が咲き、人の声が響いていた。

二〇一一年三月一一日、宮城県栗原市で最大震度七を観測する東日本大震災が起きた。太平洋沿岸各地には巨大津波が到来した。犠牲者は一万五八九九名、行方不明者は二五二九名、負傷者は六一五七名にのぼった（二〇二〇年六月一〇日、警察庁緊急災害警備本部）。また災害関連死者数は三七三九名とされ、そのうち原発事故の影響が特に大きかった福島県の災害関連死者数は二二八六名だった（二〇一九年九月三〇日、復興庁）。災害関連死とは、災害を直接の原因とするのではなく、避難中や避難後に死亡し、災害との因果関係が認められるものをいう。具体的には車中泊によるエコノミークラス症候群、避難生活によるストレス

雄勝小学校１階部分。

および持病の悪化等があげられる。審査を行うのは市区町村の設置した機関で、これは主に行政担当者、医師、弁護士、大学教授等によって構成されている。一定規模以上の自然災害により災害関連死と認定されると、生計維持者が死亡した場合五〇〇万円、その他の者が死亡した場合二五〇万円が支給される。災害関連死の概念は一九九五年の阪神・淡路大震災で登場したと言われるが、国の統一基準はなく、被災各地において裁判闘争にも発展している。災害関連死者数として発表されているのは災害弔慰金の支給対象者の数となっており、現時点でも増え続けている。

そして三月一一日午後三時四〇分頃、福島第一原子力発電所の一〜三号機の全交流電源喪失が起きた。翌日以降に起きた水素爆発、設備の損傷等により福島県をはじめ広範囲に放射性物質が飛び散った。今も原発事故の全容は解明されないまま、収束は見えていない。

現在の石巻市は、二〇〇五年に一市六町を広域合併してできている。東日本大震災においては犠牲者三五五三名、行方不明者四一九名（二〇二〇年八月末、石巻市）という被害を受けた。太平洋に面している石巻市雄勝町では、犠牲者一七三名、行方不明者七〇名を出した。町内の八〇パーセントの家屋が全壊し、町の中心部は九五パーセントが全壊、低平地――海や川などの周辺の平地で水位変動の影響を受けやすい場所――の公共施設と商店街に関しては一〇〇パーセントが壊滅した。震災前に四三〇〇名だった住民は、二〇二〇年七月末時点で一一六一名に減少している（住民基本台帳による調査）。

雄勝を初めて訪れたのは二〇一三年三月一一日だった。震災から二年を経ていたが、あの日に見た光景は目に焼き付いて、今でも時々よみがえる。当時雄勝小学校に勤務していた徳水博志《とくみずひろし》と初めて会ったのもその時だった。昨年六月に久し振りに徳水と再会することができ、今年に入ってからは三月に続いて今回が二度目の訪問となった。約三ヶ月ぶりに会う徳水はバラ園の隣で育てているオリーブの木の手入れをしていて、よく日焼けしていた。取材をしようと園内奥のカフェに入ると、鳥の声と木々の揺れる音がして、時折バラの香りが風に運ばれてきた。

徳水は津波で義母と親戚を三名亡くしている。雄勝町にあった自宅は全壊だった。また、徳水はそれまで多くの造形活動に取り組んでいて、子どもたちの作品を自宅に二〇〇〇点以上保存していたが、それらもすべて津波に流された。退職後は子どもたちの作品を展示した小さな美術館を自宅敷地に建てて、子どもや美術教員のためのワークショップを開こうと考えていたが、叶わない夢となった。

## 海からの声

雄勝小学校では、すでに下校していた二年生の子ども一名が家族とともに犠牲となった。祖父母と母親との四人暮らしで、祖父は寝たきりの状態だった。祖父を置いて山に逃げることができず、地震の後は家族で家の二階に避難していた。津波の中、がれきにつかまって一命をとりとめた地域の人が、その子どもの最期の姿を見ていた。家の高さを大幅に超える高さの津波が来た後、子どもは冷蔵庫につかまっていたが、それからもう一度大きな波が来ると、冷蔵庫だけが浮かんでいて子どもはいなくなっていたという。遺体は女川の沖で見つかった。

下校途中で地域の人に学校まで送られてきた三年生の子どもは裏山に逃げたが、その際に亡くなった二年生の子どもの「助けて」という声を聞いていた。津波の到来した場所を取材すると、三月一一日の夜に海の方から「助けて」と聞こえたという話をよく聞く。そしてその声はだんだん小さくなって、消えていったのだと。それは同じ土地で生きてきた人が暗く寒い水の中で命を閉じていく時で、声を聞いた人には助けられなかった、自分は生き残った、という感覚が刻まれる。

## 裏山に避難した学校

　雄勝小学校の教職員は、三月一一日午後二時四六分の地震が起きた後、子どもたちを校庭に一時避難させた。当初はそこで保護者引き渡しまで待機させる方針だった。地震発生から二八分後の午後三時一四分、一〇メートルの大津波警報が出された。その時点で学校側（校長）は、子どもたちを校庭に待機させ、その後は体育館へ誘導すると決めた。これは校舎の裏手にある神社から山に逃げるという学校の避難マニュアルとは、明らかに異なる判断だった。子どもを引き取りに来た保護者のSさんは、「ここにいたら津波にさらわれるから！頼むから！早く山さ逃がして！お願いだから！」と校長に強く訴えた。しかしSさんによると、校長からの返答はなかったという。その時、校舎の点検を終えて降りてきた徳水が叫んでいるSさんのもとに駆けつけた。そしてSさんの訴えを聞き、全校児童に「これから山に逃げる。全員ついてくるように！」と指示を出した。こうして教職員は、学校に残っていた四年生から六年生と前述の三年生の子どもたちを裏山に避難させた。その避難から五分から八分後、校舎は一七メートルの津波に襲われた。体育館も校舎も津波に流され、雄勝の町は水没した。子どもと教職員は消防団員の誘導で雪の降る山を一時間近く歩き、雄勝クリーンセンターという清掃工場に辿り着いた。避難している時の子どもたちは呆然としていて、言葉を発することも泣くこともなかったという。

　徳水は雄勝小学校の避難について、学校側の判断ミスを保護者が修正し、教職員が知らなかった清掃工場までの山越えのルートを消防団員が教えてくれたことが命を守ることにつながったと振り返る。そして、学校の避難において悲劇が起きてしまったのは、雄勝小学校から北西に約七キロ、車で五分ほどの場所にある石巻市立大川小学校だった。

## 大川小学校について

　大川小学校では児童七四名（全校児童一〇八名）、教職員一〇名が犠牲となった。地震発生から約三分後の二時四九分に出された六メートルの津波警報により、子どもと教職員は校庭に避難した。教頭を含め三名の教員が山への避難を主張したが、他の教員から山崩れや倒木の恐れがあるという意見が出された。また地元出身の教員や地区長か

大川小学校校舎の一部。地域の人に愛され続けた学校だった。

ら、大川地区には津波が来ないという声が上がったという記録があり、これらの要因から校庭にとどまる判断をしたと思われる。三時一四分の津波警報で予想津波高が一〇メートルに変更されたが、この津波警報に関する報道はテレビによってのみだったため、大川小学校の教職員はその情報をつかめなかったという。三時二一分になってラジオで津波予想が一〇メートルになったと放送された。子どもと教職員は校庭に避難したまま、約五〇分の時間が過ぎていた。そして三時三三分から三四分頃、地区長の声で少し高台の三角地帯（堤防道路）への避難が始められたが、全員が移動を完了する前に津波が来たと言われている。学校の標高が一メートル、三角地帯が六・六九メートルで、実際に大川小学校を襲った津波の高さは九・八メートルだったため、三角地帯へ避難していたとしても高さは足りていなかった。大川小学校の避難については、大川小学校事故検証報告書（二〇一四年二月、大川小学校事故検証委員会）に「避難先、避難経路の選択に際しても、教職員が地域住民と相談して決定したものと推定される。しかし、なぜ三角地帯を避難先としたのか、なぜあのような避難経路を通ったのかについては、最終的な意思決定に直接関わった教職員らが全員死亡しているため、明らかにすることはできなかった」と記されている。

徳水は、この事故の検証と分析を通して津波防災教育を提案し発信する作業を続けているが、その根底には、雄勝小学校の避難行動への反省、大川小学校事故への反省、すでに下校していた地域の子どもたちを救えなかったことへの反省があった。そして、大川小学校で亡くなった教職員一〇名の中には、徳水の無二の親友が含まれていた。徳水が二〇二〇年に発表した論文には、次の一説がある。『俺たちはどこで間違ったのか！なぜ子どもたちを救えなかったのか！俺たちの避難行動を検証して、二度と子どもたちをこのような目に合わせないでほしい』。これが亡くなった教師たちの悲痛な叫びだと、思えてならない。証言によると、子どもたちを守るために、津波に向かって両手を左右に広げた教師がいたという。それが筆者の親友だったかどうかは分からないが、子どもたちを守るために、とっさに取った行動であったにちがいない。全力を尽くしたはずだが、子どもの命を守れなかった。その無念さは計り知れない」（『災害文化研究』第四号、「大川小学校事故の教訓を生かした防災教育」より）。

## 学校再開

雄勝小学校の子どもたちは、震災から二日後の三月一三日に避難所において保護者に引き渡された。その後四月一日までの約二〇日間、学校長の指示によって教職員は自宅待機となった。四月一日に学校長が、町外に開設していた臨時職員室から、保護者たちのいる避難所に学校再開のチラシを持っていくと、保護者からは強い非難があったという。「今頃何しに来た！」というのが保護者の反応だった。自宅を失った保護者たちは、学校がどのように再開されるかわからなかったため住む場所を決められずにいたからだった。四月七日に保護者説明会を行った際には、怒号が飛び交った。その場で二〇名の子どもが転校することがわかった。当時の思いを、徳水はこう記録している。「私が担任していた四年生の保護者も四人が転校を告げに来ました。短い時間で子どもと最後の別れをしました。親子の後姿を見送りながら、私の胸は慚愧の念でいっぱいでした。津波で家も仕事場も流され、喪失感と絶望感を抱えた保護者の最後の頼みは、学校だけだったろうに、その思いに寄り添った行動が取れなかったことは、痛恨の極みでありました。同じ雄勝の住民として悔しさがこみあげてきて、仕方がありませんでした」（徳水博志著『震災と向き合う子どもたち』新日本出版社）。

四月二二日に石巻市立河北中学校の空き教室を使って学校が再開された。震災前一〇八名だった児童は、卒業と転校によって四一名になっていた。子どものうち三名以外は自宅を流されていたため、避難所からの通学となった。間借りでの授業は、学校設置基準に満たない環境下で行われていった。震災直後の子どもたちは、心身に震災の影響が強く出ていたという。夜にうなされる、暗闇が怖いなどの症状を訴える子どもが六、七人いた。また、津波が怖くて雄勝に行けない子ども、地震で揺れた橋を思い出して通学路となっている橋を渡れない子どもなど、心的外傷後ストレス障害を抱えていると思われる子どもが二人いて、そのうちの一人は不登校だった。子ども全体の傾向としては、低学年と中学年には食欲不振と活動意欲の低下が見られたという。授業中の声が小さくて新しいことへの挑戦意欲が乏しく、元気がなかった。高学年には異常なテンションの高さが見られ、授業中も給食中も掃除中も、ずっと喋っている状態だった。石巻市教育委員会が実施したＩＥＳ－Ｒ（改訂出来事インパクト尺度と訳され、ＰＴＳＤ症状の測定をするための二二項目からなる質問用紙）において、雄勝小学校は全学年で高い数値が出た。

## 震災一年後の「荒れ」

東日本大震災の翌年、二〇一二年度に徳水が担任をしたのは五年生九名だった。震災前には一九名いた学年で、この九名は全員自宅を津波で流されたため、仮設住宅やみなし仮設から通学していた。震災後の生活環境の変化と、狭い仮設住宅での暮らしの中で、子どもたちのストレスが高まっていた時期だった。具体的な子どもの様子として、一つは学習意欲の低下が見られた。初めからできないと諦めていて、課題に取り組む気力がない。当時の授業の集中力は二〇分が限界だったと徳水は言う。それを過ぎると注意力が散漫になる。算数の授業では、「考えると頭が痛い」と机に突っ伏したり、「勉強なんか役に立たない」と言う子どももいた。学級のある子は、授業中に「これ以上はもう無理」と言ってよく保健室に行って寝ていたという。震災で母親がうつ状態となって入退院を繰り返し、親戚宅を転々として複数回転校した後に、雄勝小学校に戻ってきた子どもだった。

もう一つの特徴は、学級全体が興奮状態で、際限なく喋り続けることだった。神経が過敏で、「殺すぞ！死ね！消えろ！」という言葉が飛び交った。トラブルは毎日のように起きた。ＩＥＳ－Ｒでは、徳水の学級が一番高い数値を示していた。こういった子どもたちの様子は、震災当時五七才だった徳水から見て、「新たな荒れ」だったという。その時の思いを徳水はこう記している。「学年当初、私は子どもの学びの要求に応える教科指導と生活指導を行えば、子どもは必ず変わるはずだという自信を持って臨んでいました。これまでの教師生活では、特に教科指導で子どもを変えてきたという自負があったからです。しかし二か月たっても、教科指導に手応えを感じないのです。子どもが学びの世界に熱中してくれないのです。（中略）私の中の自信がガラガラと音を立てて崩れていくような感覚を覚えました」（徳永・前掲書）。それでも子どもたちは、徳水の指示や要求に反発もしなければ無視をするわけでもなかった。徳水は、子どもたちの心が何かにとらわれているような、異常な状態にあるように感じていた。しかしその後の見通しが見えないまま、一学期の通信表を書き終えると、夏休みを前に徳水自身が一ヶ月の入院を余儀なくされた。震災後の過労と、持病が悪化した結果だった。当時、石巻市内の多くの学校では学級崩壊が起きていたという。

## 病室の中で

入院中、徳水は二学期以降のことを考えていた。それまでを振り返ると、被災者の身に起きた出来事は未体験のことだった。地域の壊滅、多くの遺体、飲まず食わずの避難所生活、遺体との対面、土葬、狭小の仮設住宅暮らしなど、すべてが未体験で過酷なものだった。徳水は、子どもたちは抱えている悲しみやつらさを表現できず、不安やイライラにおそわれていて、それから逃れるために様々な「異常行動」を繰り返しているのではないかと考えるようになった。そしてもしそうだとしたら、子どもたちが内面に抱えているものを語らせ、絵や言葉で表現して対象化すれば、前を向く力を得て学習意欲や生活意欲が回復するのではないかと思いついた。しかし、教員によるそういったケア的教育実践の前例を見つけることはできなかったという。そんな時、徳水は自分の被災体験からの回復のプロセスの中に、実践の手がかりを見出した。地震直後の徳水は、目の前で信じられないことが起きたために茫然自失の状態だった。自宅を流され、義母を亡くし、パソコンに入っていた教育実践記録の一切を失い、教員を続ける気力が失せていた。昼間は心にふたをして水や食料の調達と義母の遺体探しに動きまわったが、夜になると突然涙があふれた。自分の感情をコントロールすることができなかった。今後もこの状態が続くと思うと、耐えられなかったという。そこで徳水は、自分の抱えたトラウマ感情を一つ一つ解きほぐし、言葉にして整理していった。それをしなければ正気を保てないように感じていた。約三ヶ月間の分析作業を経て、トラウマと喪失感情の本質が「家や財産などの物質を失ったことではなくて、生活空間であった地域を丸ごと流されて、地域とのつながりが切れたという『関係性の喪失』」であることに気付いたという。徳水はその気付きをもとに、実践を組み立てていった。「教材とはふつうは、子どもを取り巻く自然・社会・人間という、子ども自身を取り巻く外の世界でしょう。でもケア的教育実践はそれと違って、子どもの内面世界そのものを教材にする試みなんです。これまで誰もやっていない、未知の領域でした。それでも成功するという確信はありました」。子どもが内面に抱く苦悩や喪失感情そのものを教材化すること、そして子どもの心の不安や叫びを聞き取り、受け止めて表現させる作業が始まった。

**「わたしはわすれない」**

病休明けの二〇一二年九月、徳水は子どもたちに震災体験を言葉で表現させるという実践にとりかかった。はじめに女川の中学生がつくった俳句を紹介し、子どもたちに感想を聞くと、震災を語ることへの抵抗を見せることはなかったという。その反応を手がかりに、震災体験を作文にすることを提案した。内容については指示をせず、自由に何を書いてもいいと説明をした。また、作文そのものを書かない自由もあるんだと、子どもたちに伝えた。その時のことを、徳水はこう記録している。「一年半ぶりに震災の記憶と向き合うことは、つらかったでしょうが、学級の仲間がお互いに聞き役になってくれました。つらさをわかり合える仲間の支えが、震災体験と向き合うつらさを軽くしてくれたようです。一人ではつらいが、みんなと一緒なら書ける。子どもは記憶を確かめ合い、語り合いながら、震災の記憶を想起して書いていました。すると、作文には教師が知らなかった事実がたくさん書かれていて、私たち教師集団は強い衝撃を受けることになりました。自宅に忘れた犬を助けに帰り、津波に追いかけられて九死に一生を得た子、高台から故郷の街並みが流される様子を見て恐怖を感じた子、巨大地震の揺れから難を逃れた後に聞こえてきた大津波警報のサイレンに〝次は死ぬんだ〟と死を恐れた子、親と離れ離れになり親の死を覚悟した子など、その震災体験は想像以上に過酷でつらい内容でした」（徳永・前掲書）。徳水はこの作文をあえて家庭に持ち帰らせた。震災当日は多くの家庭が親子離れ離れで過ごしたが、当時の出来事をお互いに気遣って語ることをしていなかったためだった。作文を読むことで保護者は初めて自分の子どもが抱えていたつらさや喪失感情を知ることになった。保護者には、子どもに向けて手紙を書いてもらった。その後国語の授業で震災作文を読みあって交流する時間をつくった。了承を得て、保護者の手紙も読み上げた。活発な発言が飛び交うような授業ではなく、子どもたちの発言は少なかったという。それでも徳水の意図は、子どもの発言をやわらかく受け止め、子どもたちをつなぐような時間を持つことにあった。授業のまとめでは作文を書くことが多いが、徳水は躊躇した。震災と正面から向き合って、再度作文を書くことは避けた方が良いと思った。そこで、子どもたちには俳句を書かせることにした。学級の一人、凌《りょう》さんはこんな俳句をつくった。

友だちを　一度でも守ってあげたい　ぜったいに

強調のため後から「ぜったいに」を付け足し、五五七五の字数になったという。凌さんは、自宅ごと流されて亡くなった雄勝小学校の二年生の子どもと家が隣で、大の仲良しだった。毎日会っていた友だちを失う悲しみはどれほど大きかっただろうか。心の中には、「友だちを守れなかった」という思いが強く残っていることがわかる。

四時間を使った作文の授業が終わった後に、一つの詩が生まれた。徳水の学級にいた七海《ななみ》さんが、授業の後に自発的に書いた詩だった。

わたしはわすれない

五年　七海

わたしはわすれない
地鳴りがして
おびえ　からだがふるえて
しゃがみこんだことを

わたしはわすれない
ガソリンスタンドのおじさんが
走ってきて
助けてくれたことを

わたしはわすれない

豆腐屋のおじちゃんが
みんなを避難させて
自分だけは津波に流されたことを

わたしはわすれない
豆腐屋のおじちゃんが
ふいてたラッパの音を

わたしはわすれない
誕生日にお母さんにもらった
大切なネックレスを
流されたことを

わたしはわすれない
家族　友達　わたしが
写っていた思い出の写真を
流されたことを

わたしはわすれない
自衛隊の車に乗って
こわれた北上川の横を走り
雄勝から出てきたことを

わたしはわすれない
避難所でいただいた
スープのあったかさと
おにぎりの味を

わたしはわすれない
飯野川中の避難所で遊んでくれた
お姉さんたちの
笑顔とあたたかさを

わたしはわすれない
こわされた家を
流された命を
助けられた恩を
人のあたたかさを

わたしはわすれない
大震災の記憶の
すべてを

この詩は二〇一二年九月一〇日、大震災から一年半後に書かれた。何度も当時のことを反芻してつくったことが伝わってくる。徳水は詩について、「七海さんは自分の震災体験を《対象化》し、震災とは自分にとって何だったのかと、《意味づけ》てい」る（徳永・前掲書）と分析する。震災の記憶と震災前の思い出、失ったものともらったものを整理して記した上で、その「すべて」を忘れないと決意している。壮絶な体験を忘れるのではなく、それさえも一緒に生きていくという姿勢に大きな衝撃を受けた。二〇一三年の三月一一日に河北中学校に間借りをしていた徳水の学級を訪れた時、一瞬だけ七海さんと会うことができた。七海さんは熱を出して早退をしたが、その帰り際に挨拶をしに来てくれた。ランドセルを背負った後ろ姿は、まだ小さかった。

## 「希望の船」の制作

徳水はいつも個人の作業と集団の作業を並行して取り組んでいったが、二〇一三年の二月は子どもたちに一年間の歩みを大きな木版画にしようと提案した。縦九〇センチ、横一八〇センチの木の板に学級全体で版画をつくっていった。はじめに震災から現在までの歩みを小さなカードにラフスケッチで描く活動をして、そのカードを内容ごとに類別してから絵の構成を考えるという順番で進められていった。過去の津波の場面から未来の町へ、そしてそこで暮らす笑顔の家族、という構成にすることが決まった。この段階で、徳水から子どもたちに二つの提案をした。一つは、今の段階

▼「希望の船」

では過去と未来はあるけれども現在がない。現在のみんなの姿が欲しいということだった。もう一つは、雄勝の史実を作品に盛り込むということだった。史実とは、一六一三年に仙台藩主の伊達政宗がスペインとの交易を求めて派遣した「慶長遣欧使節船」の話だった。船の名前は「サン・ファン・バウティスタ号」で、建造されたのは雄勝だったとされている。慶長遣欧使節船は一六一一年に起きた「慶長三陸大津波」で甚大な被害を受けた仙台藩を、スペイン交易によって復興する意図があったことが、近年の研究で発表されている。四〇〇年前の三陸大津波と東日本大震災を重ね、子どもたちが船に乗って未来に旅立っていくという物語が木版画に表現されることになった。

この版画は震災から約二年後、修了式前日の二〇一三年三月一九日に完成しているが、完成の八日前に版画の制作を見学させてもらった。その時の教室はとにかく騒がしい、危なっかしいという印象だった。終始子どもたちの声がキーキーと響き、何度も彫刻刀を落としていた。また版画をする木の板が大きいため机からはみ出している部分があって、そこに体重をかけてしまい作業をしている板がはねることもあった。それでも、普段の授業では集中力の続かない子どもたちが、版画の授業では数時間続けて没頭する場面もあったという。津波を目の当たりにして、震災の後故郷の雄勝に足を運べなくなった子どもは、版画の津波の部分を誰よりも彫った。そのことについて徳水は、「PTSDの回避の症状があった子ですが、津波の恐怖の記憶を対象化することができたんだと思います。恐怖を対象化することで、恐怖に支配されていた状態から脱して、恐怖の記憶を自分のコントロール下に置くことができるようになった。その結果、雄勝に行けるようになった」と言った。一方で、この版画の手法が合わない子どもも二人いたという。

左側に描かれたのは津波の様子だった。山の手前に雄勝小学校が建っていて、津波が押し寄せている。屋上には、津波で流された民家が乗っている。そして電信柱を津波が飲み込んでいる様子や、がれきにつかまっている人が描かれた。山の上の空には満天の星空が広がっているが、実際震災当日は、たくさんの星が見えたという。山に避難した子どもたちは、その光景を記憶していた。右側に描かれたのは未来だった。復興した雄勝の町と笑顔の家族、背後に大きな太陽がある。下半分には、震災から二年間の歩みが表現された。避難所で焚火をしている様子、自衛隊の人に助けられている様子。亡くなった人の体から魂が消えていく様子も描かれた。また住民が復活させた獅子舞、雄勝

中央にあるのは、スペインから贈られたローズガーデンのシンボルツリー「100年オリーブ」。樹齢は100年以上。

湾のホタテ養殖、雄勝法印神楽も時系列で描いてある。中央の船、サン・ファン・バウティスタ号は過去と未来の狭間にいて、現在の自分たちの姿を描いている。船の左半分は黒く、右半分は明るくなっている。作品について、徳水はこんな分析をしている。「この船の姿は、つらい過去の記憶を抱えながら未来に向かっている自分たちの姿をあらわしているようです。子どもたちが乗った船は、希望の象徴である太陽に照らされて、未来に向かって進んでいきます。つらさを抱えながらも一歩ずつ一歩ずつ、未来に向かって歩んでいく子どもたちの姿と重なります。このように版画表現によって、自らの再生の歩みを『物語る』ことで自らを癒し、前を向く力を得ていくのです」(徳永・前掲書)。この木版画「希望の船」はアメリカや中国にも渡り、これまで様々な場所で展示されている。

二〇一三年の五月、徳水は再び入院をした。日常的に倦怠感、貧血、そして強い眠気に襲われるようになっていた。この時、腎臓がほとんど機能していない状態だったという。休職をしてそのまま定年退職を迎えた。当時を振り返って、徳水は「震災後の二年間で一〇年分くらい働いた感覚がありましたね」と言った。

## 前を向くこと

二〇一三年に雄勝を訪れた際、徳水が「ここにバラ園をつくろうと思っています」と話してくれた。そこは徳水の妻の実家の跡地で、義母が亡くなった場所でもあった。更地になっていたその場所に立って、バラ園の構想はあまりにも遠く、現実味を持って受け止めることができなかった。津波で流されて何もない、という光景を連続して見ていたためか、ここに花が咲くということさえも想像できなくなっていた。それから六年後の昨年六月、更地だった場所は花で覆われていた。時間を忘れるように写真に収めながら、世の中にはこんなに多くの色が存在するのかと思った。そして、土も植物も人もこうして再生するのだと思ったら、涙が出た。バラ園には次から次へと人がやって来る。今では年間八〇〇〇人が訪れるという。カフェの手伝いや花の手入れをしているのは、地元のボランティアだった。徳水の妻を中心に互いに声をかけ合いながら、楽しそうに作業をしている姿が印象的だった。このボランティアの中には、津波で家族や家を失った人がいる。

　徳水は二〇一八年二月に震災からこれまでの歩みを綴った一冊、『震災と向き合う子どもたち』を出版した。被災地で紡がれた実践の数々と、その実践がつくられるまでの過程が記されている。この本を、徳水は入院先の病室で書いたという。「痛みを入り口にしないと震災を整理できない」という言葉が心に響いた。そしてなお、まだ半分しか震災と向き合っていないと言った。取材の途中、徳水がふと「子どもは前を向くんだよね。どんなに大人が前を向けない時でも、子どもは必ず前を向くんです」と言った。「大人は過去を振り返るけれど、子どもはそこまで過去を持っていない。だから『未来には何か楽しいことがあるんじゃないか』と常に思うことができるんでしょうね」。

　徳水たちの育てる「北限のオリーブ」は、一一月に搾油のための収穫を迎える。その様子を見にまた雄勝を訪れよう。それからオリーブは東北の厳しい冬をじっと耐え、春になったら新しい芽を出すだろう。もう一度花を咲かせるために。

## 継承——芦屋の取材から

### 震災後に生まれた教員

二〇二〇年一月一七日、神戸市のラッセホールで行われた阪神・淡路大震災の追悼集会「追悼の夕べ」（兵庫県教職員組合主催）で講演を行ったのは、高光愛恵《たかみつまなえ》だった。高光は阪神・淡路大震災後の一九九六年一月に生まれ、現在芦屋市で小学校教諭をしている。高光が講演で語った思いの一つひとつに、目の醒めるような感覚があった。今年は芦屋市立精道小学校で行われた追悼集会でも、漢之《くにゆき》さんと深理《みり》さんの二人の子どもを亡くした米津勝之《かつし》さんとともに、勝之さんの子どもで震災後に生まれた米津英《はんな》さんが追悼の言葉を述べた。震災後に生まれた人が震災をどう考えるのか、失われた命をどう受け止めるのか、語り継いでいくとはどういうことなのかを知りたかった。そして、記録しなければいけないと思った。改めて高光に取材を申し込み、七月に話を聞くことができた。

　二五年前の一月一七日、淡路島北部を震源とする阪神・淡路大震災が起きた。神戸市、芦屋市、西宮市、宝塚市及び淡路島の北淡町、一宮町、津名町には、気象庁が初めて震度七を適用した。犠牲者は六四三四名、行方不明者三名。負傷者は四万三七九二名にのぼった（二〇〇六年五月一九日、消防庁）。犠牲者のうち直接死は五五一二名、災害関連死は九二二名だった（神戸新聞による）。しかしこの時の災害関連死者数は震災後二ヶ月以内に限った数字であり、実際にはもっと多いと言われている。なお阪神・淡路大震災発生時、いずれも福井県に所在する美浜原子力発電所（関西電力）の二・三号機（一号機は定期検査のため停止中）、高浜原子力発電所（関西電力）の二・四号機（一号機は調整運転中・三号機は定期検査のため停止中）、大飯原子力発電所（関西電力）の二～四号機（一号機は定期検査のため停止中）、敦賀原子力発電所（日本原子力発電）の一・二号機は運転中、ふげん（日本原子力研究開発機構）は定期検査のため停止中だったが、いずれも地震による異常は報告されていない。

芦屋市立精道小学校の追悼式。記帳台は、震災で亡くなった米津漢之さんの使っていた机。

　亡くなった幼稚園児、小学生、中学生、高校生、養護学校生、専修・各種学校生は三七一名、亡くなった教職員については大学・短大を合わせると四一名にのぼった。兵庫県下公立学校園の園児、児童、生徒の中で、阪神・淡路大震災により両親とも失った子どもは五二名、父母のいずれかを失った子どもは二三一名だった。震災後には、県内転出を含めピーク時で二万六三四一名の子どもが転出している。

　高光は「追悼の夕べ」の講演で、会ったことのない兄、大地《だいち》さんについて話をした。大地さんは震災で二才と一ヶ月で亡くなっている。高光は、兄のことを会話の流れの中で時々聞くことはあったが、当時の母の気持ちについて聞くことはしてこなかったという。そのことについて、「母の抱えている傷や、思いを想像したとき、怖くて聞くことができなかった」と言った。「追悼の夕べ」で話をすることが決まり、職場のベテランの教員に相談をすると、「ちゃんとお母さんに話を聞いた方がいいんじゃないか」と言われた。そこで高光は母に、震災の時の話を聞かせてほしい、と頼んだ。母は「いいよ」と言ってくれたが、なかなか時間をつくれずにいた。関係が深ければ深いほど、「傷」に触れるのは難しいのかもしれない。そのまま一月に入ると、母の方が高光に「前に話聞きたいって言ってたけどいいの?」と声をかけ、その言葉をきっかけにやっと話を聞いたという。これまでの二人の関係に変化が生じた瞬間だった。

大地さんはトマトとアイスクリームが好きで、戦隊ヒーローのカクレンジャーのファンだった。テレビに映ったゴリラを見て「お父さん！」と呼んでみんなを笑わせたこともある。いじめられている友だちを見ると、年上相手にでも向かっていって助けるような、正義感の強いやんちゃな子どもだった。今生きていたら二七才になる。講演の冒頭、高光は大地さんに「今、どんな顔で私を見守ってくれているのかな」と呼びかけた。

### 大震災当日

一九九五年一月一七日午前五時四六分。津知町の二階建て集合住宅の一階で、大地さんは両親の間で眠っていた。突然ドンという音がして、気が付けば家の天井が落ちてきていた。この時実際には大きな揺れがあったはずだが、高光の母にはただ天井が落ちてきたという感覚しかなかったという。母は横から少し頭の方にずれていた大地さんを抱きしめながら、名前を呼び続けた。何が起きたのか理解できなかった。父は「絶対助けに来るから待っとけ」と母に伝え、身動きのとれない状態から足でがれきを蹴って外に出た。近くの駐車場に集まった人たちに助けを求め、崩れてきている二階の家の床をはがして天井部分から母と大地さんを救出した。不安だった母に「必ず助けるのでこの光をつけて待っていて」と言って懐中電灯を渡した人がいて、母はその光に救われたという。父が母と兄を助け出した時、大地さんの首の部分には屋根の梁が押さえつけてあった。父は「もうダメかな」と思った。だんだん冷たくなっていく大地さんを抱いて、ヒッチハイクで止まった車に病院まで連れて行ってもらった。一つ目の病院には誰もおらず、診てもらえなかった。二つ目に行った本山の病院にも人はいなかった。最後に大地さんの生まれた産婦人科に連れて行った。そこで、「ダメでした」と告げられた。梁が首を圧迫したことが原因とみられ、おそらく即死だったとのことだっ

淡路島にある「北淡震災記念公園」内。大震災当時の家の中の様子を再現している。

た。行き場のない怒りや悲しみがあふれ、両親は泣くことしかできなかったという。そこから東灘区にある母方の、高光の祖母の家に向かったが、どのようにして辿り着いたのか記憶は残っていない。祖母の家は倒壊した国道四三号のすぐ近くにあったが、家は無事だった。

**最後の別れ**

祖母の家に着くと、祖母と一緒に住んでいた高光の母の妹、恵子さんが亡くなったことを知らされた。一一才だった。祖母は地震発生時には起床していて、揺れを感じて恵子さんとともにこたつの下にもぐった。しかし障害を持っていた恵子さんは恐怖による発作を起こしたと思われ、亡くなった。

頭を怪我していた祖母と恵子さんは車で芦屋病院に向かった。その時、恵子さんと仲の良かった大地さんも一緒にいさせてあげようと連れて行った。病院には怪我をした人や入院する人が次々と来るため、すぐに芦屋警察学校に移動しなければならなかった。そこで検死をしてもらった。家族は傍についていることができず、大地さんと恵子さんに「二人でいてね」と伝え、芦屋の大東町にある親戚宅に身を寄せた。それからは毎日二人のいる警察学校と親戚の家を往復した。一二〇日頃、明日の朝一番で大地さんと恵子さんが火葬されることを告げられた。夜中に高光の両親と祖母で、二人に最後のお別れをした。火葬が終わってお骨を集める時、母は「手が震えてできない、したくない」と泣いた。そんな母に、九州から駆けつけていた母の兄が「お前がやったらんでどうすんねん」と声をかけ、何とかお骨を納めた。

**「生きることを選んでくれてありがとう」**

納骨を終え、高光の両親は大地さんと恵子さんのお骨と一緒に、母の姉の住む香川に避難して過ごすことになった。経由した淡路島も大きな被害を受けていて、普段では考えられないようなルートで向かった。父と大地さんのお骨を抱いた母が乗った車の後ろに、母の兄が運転する車が一緒に走っていた。何日もまともに寝ていなかった父は、運転中睡魔に襲われた。山道だったため崖から落ちそうになっていた。助手席にいた母はそのことに気付いていたが、「このまま親子三人で最後でもいいか」と思い、父を起こすことはしなかった。その時、後ろを走っていた母の兄が異変に気付き、クラクションを鳴らした。その音に父は目を覚まし、転落をまぬがれた。その後、父は運転を母の姉弟と代わった。高光の母は、クラクションを鳴らしてくれた母の兄から「あの時、（高光の父が）寝てたのわかってたんとちゃうんか」と怒られた。高光は母からこの話を聞いて、涙が止まらなかったという。そして「きっとその時兄が母たちの命を守ったのだと思います」と言った。

神戸にある祖父の眠る寺の住職に大地さんの戒名をつけてもらい、香川まで送ってもらった。何もする気力のない日々を、母は散歩をしたりして何とか過ごしたという。家にいようと思っても、じっとしていられなかった。そして、地震のあった五時四六分を過ぎないと眠りにつくことができなかった。翌月の二月、慰霊祭に合わせて両親は兵庫に戻った。次の年に高光が生まれた。

兵庫に帰ってから、震災当時家の裏に住んでいた、大地さんと同い年のりょうたさんと生まれたばかりのやすあきさんも亡くなったことを知った。両親は助かり、その二人には高光と同い年の子どもが生まれた。以前新聞の取材に対して、高光の母と、りょうたさんとやすあきさんの母は「『お腹にいる子ではなく、大地の、りょうたの、母親でありたかった』という、新しい命への気持ちの整理ができなかった」と話している。この取材は高光が生まれた後にされたものだった。「当時のお母さんの思いを知った時、どう思いましたか？」と質問をすると、高光は「ショックとかは全然なかったです」と即答した。「兄を失って次の子は考えられん、ってなったのは、それだけ母が苦しかったんやなって思いました。だから本当によく生んでくれたなって。母を支えられるのは自分やなって思ったし、生きなあかんなって」。どれほど高光が大切に育てられてきたかが伝わる言い方だった。高光は講演の中で、会場で聴いていた母に「お母さん、生きることを選んでくれて、私を産んでくれてありがとう」と言った。

## 母の涙

「お兄さんの話を聞いて何を感じましたか？」と聞くと、高光はこう答えた。「生きてて欲しかったなって。それから、生きてたらどうやったんやろ？どんな人やったんやろ？っていうのは今までも思ってました。たとえば友だちと姉弟の話をしていると考えますよね。でもそれ以上に、母への思いの方が強かった。母が抱えてきた気持ちを知れたことが大きかったですね」。高光の母は、とにかく元気で明るい人だという。亡くなった妹の恵子さんを含めて八人姉弟の母は、その姉弟とも親戚とも結びつきが強く、仲が良い。高光の友だちにも、積極的に関わっていくという。「だから友だちから『今日マナ（高光の呼び名）のお母さんと会うたで。こんな話したで』って連絡が来ることがあるんですよ。母の友だちとちゃうねんけど、って思うくらい私の友だちとも距離が近くて」。そんな母だからこそ、震災のことを涙を流しながら話す姿に、高光は衝撃を受けた。母が二五年間抱え続けてきた悔しさや悲しみは、あまりにも大きかった。高光は母から話を聞いたその夜に、「追悼の夕べ」の原稿をつくった。

講演の最中、高光は会場で母が泣いていることに気付いていた。集会が終わった時には、母はいつもの笑顔に戻っていた。会場を出ようとする際に、時折涙を流しながら講演を行った高光に、母が「早く泣きすぎとちゃうー?」と声をかけると、高光は「もう少し頑張るはずやったんやけどなぁ」と返した。顔を見合わせて笑う二人の横顔は、そっくりだった。

## 愛に恵まれる

「愛恵」という名前の由来を尋ねると、高光が「私、一月一日生まれなんです」と言った。「だからちょうど親戚が集まっている時に生まれて、愛に恵まれますようにっていう願いが込められているというよりは、生まれた時から愛に恵まれていたんやなって」。そしてこう続けた。「でもほんまに、名前に負けんくらい人に恵まれてるなって思うんです。親戚もそうやし、これまで出会った人たちとか、ほんまに恵まれていると思います」。高光には妹が一人と弟が二人いる。一番下の弟は、高校生になったばかりだという。妹や弟が小さい頃から、高光が勉強を教えるのが習慣になっていた。高光が中学生の時に通っていた塾では、同じ塾に来ていた小学生に勉強を教えていた。少しずつ「教える」経験を積んだことが、現在の教員の仕事につながっていった。

「どんな教員でいたいですか?」と質問をすると、「子どもも色々思いを抱えているけど、生きてるだけでええねんって、存在を認めてあげたいです」と返ってきた。そして教員一年目に勤務していた、神戸市立魚崎小学校での出来事を教えてくれた。

一月一七日の追悼集会で、当時受け持っていた三年生の子どもたちに兄のことを話しながら、高光は涙が止まらなかった。その後献花をしながら泣いていると、「先生大丈夫やって。天国で(お兄さんが)絶対笑っててくれるって」と声をかけてきた子どもがいた。「九才に言われるかーって思いながら、でもうれしかったですね」。それからもう一人、高光には気になっている子どももがいた。日常的に「死ね!」と言う子どもで、高光はそれまでも何度も声をかけてきた。教室で大地さんの話をした後も子どもが同じ言葉を繰り返したため、高光は廊下で子どもと向き合って怒った。高光も子どもも泣いていた。それからは、「死ね」とは言わなくなった。高光は当時を振り返って「あの子は私に怒られて泣いたんやなって思ってたけど、今から思うと、何か伝わったんかな」と言った。

## 学校で過ごす一月一七日

大学を卒業するまで、高光は一月一七日を学校で過ごしたことがないという。震災のあったその日、大地さんと恵子さんの命日は、決まって学校を休んで家族で過ごしていた。高光の母は学校を休むことを強制はせず、決断は子どもたちに任せていたが、高光は毎年休んでいた。その日は大地さんの眠るお寺に行ってから芦屋川沿いにある松浜公園で献花をし、祖母の家へ行く。恵子さんの仏壇に手を合わせ、恵子さんの名前が刻まれた銘板のある東遊園地に向かい、夕方五時四六分に黙祷をするのが恒例となっていた。

教員となって、高光は初めて一月一七日を学校で過ごすことになった。「そういえば一月一七日って学校ではどうやって過ごすんやろ?知らんなぁって思いました」。二〇二〇年の芦屋市立岩園小学校での一・一七集会では、高光が受け持つ二年生の

北淡震災記念公園内の「神戸の壁」。1927 年頃に市場の防火壁として建造されたと言われる。神戸の地で空襲と地震に耐え、2009 年に淡路島に移設された。

子どもたちが「しあわせ運べるように」を歌うことになった。この歌は、神戸で生まれ育ち震災時は神戸の小学校で音楽を教えていた臼井《うすい》真《まこと》さんによって作られ、今は兵庫にとどまらず東北や世界各国で「復興と希望の歌」として歌い継がれている。高光は昨年の一月に臼井さんの講演を聞いていたこともあって、事前学習で歌詞について子どもたちと考える時間をつくった。特に「亡くなった方々のぶんも毎日を大切に生きてゆこう」という部分については、「どういう意味かわかる？考えよう」と問いかけた。一通り歌詞について話した後、高光が「亡くなった方々」の中に大地さんが含まれていることを伝えると、子どもたちは驚いたという。そして追悼集会本番、子どもたちは真剣に「しあわせ運べるように」を歌った。高光の命との向き合い方は、次の世代に少しずつ刻まれている。

## 今日を大切に生きること

震災前日の一月一六日の夜、大地さんは大好きだったアイスを食べたいと言った。その時母は「もう遅いから明日食べよう」と言って、食べさせなかったことを今もずっと後悔している。こんな後悔を、被災地では多くの人が抱え続けるのかもしれない。高光は講演の中で「明日に怯えるのではなく、明日に備え、今日を大切に生きていこうと強く感じました」と語った。

あの日から二五年を経て、学校には震災を体験していない教職員が入ってきている。高光は、震災を忘れてしまえる条件がそろうことに危機感を持っているという。母の思いや大地さんの存在をなかったことにしてはいけない、という揺るがない思いがある。講演の中には次の一節があった。「震災を経験していないから、遺族じゃないから語れない。わからない。知らない。それでは、子どもたちの未来を守ることはできないと思います。これから社会に出てくる人たちは、みんな阪神・淡路大震災を経験していない世代になります。目の前にいる子どもたちと同じ震災を経験していない私たちが、あの日の事をどのように受け止め、語り継いでいくのか。今向き合っていかなくてはいけない大きな問題だと思っています。私は遺族の一人として、一人の教員として、命の大切さを伝え、これから出会う子どもたちに愛を持って向き合っていきたいと思います」。

取材に答える高光は、どちらかと言えば早口の快活な話し方だったが、実際子どもたちに震災をどう考えさせるかという部分については慎重に言葉を選んだ。そこに高光の誠実さを感じた。芦屋には、「震災をわすれないとりくみ」を築き、実践を積み上げてきた教員がいる。被災の体験を子どもたちに伝えてきた地域の人や保護者がいる。そんな人たちとの出会いを重ねながら、高光がこれから子どもたちの心に何を残していくのか、取材を続けたい。

## おわりに――すべての進行形に

紙幅の都合でかなわなかったが、二〇一六年四月に起きた熊本地震についても書く予定だった。地震で被害を受けた阿蘇市で働く養護教諭への取材記録を書きたかった。当時養護教諭が勤務していたのは断層の上に建っていた学校で、校舎は損壊した。地震直前の学校統合、被災、避難所生活、学校移転が重なる中で、保健室にはたくさんの子どもたちがやって来た。養護教諭はそんな子どもたちと、時には保健室を出て家庭訪問をしながら、向き合ってきた。取材に行くといつも阿蘇の雄大な景色の見える場所を車で回って、子どもたちとのやりとりを話してくれた。熊本地震から四年が過ぎた今年七月、熊本県南部で豪雨災害が発生した。養護教諭は人吉の出身で、通っていた中学校の校区は広い範囲で被害を受けた。育った地域の変わり果てた様子を見て、「ふるさとが一瞬にして無くなってしまった感じ」がしたとメールに書いてあった。人吉の現地調査も含めて、もう少し時間をかけて取材したいと思っている。

被災地に行くようになってから数年が経った頃、津波に飲まれる夢を繰り返し見るようになった。日中もフラッシュバックのような症状が出ることがあって、どんなに疲れていても眠れなかった。東北に向かう新幹線では、動悸がして座っていることができず、ずっとデッキに立っていた。当時自分を覆っていた感覚を言葉にしようとすると、どうしようもない無力感と罪悪感だったと思う。震災で犠牲となった「あちら側」と「こちら側」の違いが何なのかわからない。この経験を話せるようになるまでさらに数年がかかった。今でも、災害が起きてから現地に行って、被災の記憶を人に語らせて記録にまとめるという作業の、その効率の良さみたいなものがたまらなく嫌になる。それでも被災地の取材をやめようと思ったことはない。どうして自分はこちら側で生きているのか、その意味をつかみたいのかもしれないし、そうではないかもしれない。今答えを出そうとしても真実ではない気がする。ただ、人の命と暮らしが失われたことを見逃したくないと思っている。一部の人が切り捨てられるなら、その一部を中心に打開策を考える。隠されるものがあるなら、表に出すこ

阿蘇西小学校前の縦ずれ断層のあった田んぼ。補修された道の向こうに、阿蘇の山々が見える。

とに力を尽くす。消されるものがあるなら、伝え続ける。難しい問題だと片づけられるくらいなら、粗削りでも言葉にする。そんな風に自分の立つ場所を確認していないと、時々「ふざけるな」と叫ばないと、つぶれるような気がする。

調査や講演に行った先で縁がつながって、昨年は夕張や水俣や辺野古にも行った。各地で思いを持った人たちに出会えば、点と点が線になるのに時間はかからないことを知る。これまでの取材で大切にしてきたのは、人が「何を言ったか」よりも「何を言わなかったか」を捉えることだった。一番きつい部分は簡単にさらけ出せない。語られないことに何の意味があるのか、そこに切り込む必要があると思っている。

岩手県沿岸部の学校の仮設校舎を見に行った際、子どもたちが帰る時間と重なった。何台かのバスに乗り込む子どもたちを、教員が見送りに出ていた。乗車すると子どもたちは急いでバスの窓を開け、そこから友だちや教員に話しかけていた。力いっぱい手を振る仕草が、「また明日」と約束をしなければもう会えないかのようだった。隣で見ていた教員が、「みんな仮設住宅に帰っていくんです」と静かに言った。あの子どもたちは、今どうしているだろうか。どうか子どもたちが飛び込んでいく社会に熱があるようにと願っている。

# 新型コロナウイルス感染症と教育の本質

## ――非常時の教育を想定した日常の教育の在り方を考える――

諏訪 清二

すわ・せいじ

防災学習アドバイザー・コラボレーター。兵庫県立大学特任教授、神戸学院大学現代社会学部非常勤講師、関西国際大学セーフティマネジメント研究所客員研究員、大阪国際大学短期大学部非常勤講師、防災教育学会会長。2002年の兵庫県立舞子高校環境防災科開設時より12年間科長を務める。著書に『防災教育のテッパン―本気で防災教育を始めよう』（明石スクールユニフォームカンパニー）、『防災教育の不思議な力―子ども・学校・地域を変える』（岩波書店）等。

### 突然の休校

新型コロナウイルスの感染拡大を受け、安倍晋三首相（当時）が二月二七日（木）に全国の小中学校と高校、特別支援学校に臨時休校を要請した。私立学校と専門学校、大学も含めて全国の学校で三月二日（月）から春休みまでの長期の臨時休校が、突然始まった。

新年度の四月七日（火）、東京都、大阪府など七都府県に新型コロナウイルス対策の特別措置法に基づく緊急事態宣言が出され、四月一六日（木）には対象が全国に拡大された。

全国の休校は春休みで終わることはなく、新年度になっても継続された。五月に入って緊急事態宣言が段階的に解除されるにつれ、地域によっては学校も徐々に再開されていったが、感染予防を最優先させ、分散・時間差での登校がほとんどだった。多くの都道府県では五月末まで、三か月もの長期休校を強いられた。

突然の休校要請の翌日、二月二八日（金）には都道府県、市町村の教育委員会が対応を協議し各学校へ連絡した。土曜日と日曜日をはさんで、三月二日（月）から休校に入るのには、当然無理がある。多くの学校は説明のための登校日を設けて、子どもたち、保護者に知らせた。といっても、知らせる側の学校が一番困っていたのではないだろうか。

教職員は、休校中も分散登校日の設定や学習課題や学級通信のポスティング、家庭訪問、インターネットを使った遠隔授業やＳＨＲ（ショートホームルーム）の実施などを行い、子どもたちの不安を軽減し、学習を支援するとりくみを試行錯誤で続けた。

## 「教育継続計画」の必要性

休校中の学校の対応について、教職員何人もに話を聞いた。誰もが行政による同じ対応を指摘した。子どもにとって良いと考えられるとりくみを現場で話し合い、方針を決めた後、教育委員会から別の指示が下りてきて、決めた内容を変えなければならなくなった。そんな対応が何度も繰り返された。

この指摘は学校の危機管理がいかに脆弱かを物語っている。文部科学省は、「新型コロナウイルス感染症に対応した学校再開ガイドライン（令和二年三月二四日）」や「新型コロナウイルス感染症に対応した臨時休業の実施に関するガイドライン（令和二年四月一七日改訂版）」などの学校再開・臨時休業ガイドラインをはじめ、学校再開に関する様々な通知、学校再開に関するＱ＆Ａをホームページ上に多数発表しているが、その日付はいずれも三月下旬から四月にかけてのものである（※１）。つまり、事前に想定していたものではない。

海外で発生したＳＡＲＳ（二〇〇三年、重症急性呼吸器症候群）やＭＥＲＳ（二〇一二年、中東呼吸器症候群）の事例、国内で発生した新型インフルエンザの流行（二〇〇九年）の対応経験が生かされることはなかった。

自然災害でも同じことが起こる。文部科学省は「学校防災マニュアル（地震・津波災害）作成の手引き」（二〇一二年）（※２）と「学校の危機管理マニュアル作成の手引き」（二〇一八年）（※３）を策定しているが、災害時の学校はどちらかと言えば、マニュアルではなく教職員の「突破力・現場力」で活動を継続していっている（※４）。

災害時にあっても事業の継続を図るために事前に

※1
文部科学省ホームページ
https://www.mext.go.jp/a_menu/coronavirus/mext_00001.html

※2
文部科学省ホームページ
https://www.mext.go.jp/a_menu/kenko/anzen/__icsFiles/afieldfile/2018/12/04/1323513_01.pdf

※3
文部科学省ホームページ
https://www.mext.go.jp/a_menu/kenko/anzen/__icsFiles/afieldfile/2019/05/07/1401870_01.pdf

※4
例えば、東日本大震災の避難所運営と学校機能の回復、教育復興については齋藤幸男『生かされて生きる～震災を語り継ぐ～』（河北新報出版センター）に詳しい。

ＢＣＰ（Business Continuity Plan）を準備する民間企業が増えてきているが、災害時の―パンデミックも災害である―学校再開や避難所運営など、防災面にウエイトを置くマニュアルを整備している行政はあるが、学校教育の継続・復興プランはない。災害対応だけではなく、備え、教育復興までを見据えた教育継続計画ＥＣＰ（Education Continuity Plan）のようなもの、つまり「教育復興計画ＥＢＰ[3]（Education Build Back Better Plan）」といった発想が必要だと思う。

## 新型コロナウイルス感染症の「3つの顔」

休校中の三月二六日、日本赤十字社（以下、日赤）が新型コロナウイルス感染症の啓発パンフレットをＨＰで公開した（※5）。新型コロナウイルスの「顔」である「3つの感染症」とその対応をわかりやすく解説している。

「顔」の一つ目は「病気そのもの」。感染すると重症化する恐れがあるが、治療法はまだ確立していないし、ワクチンもまだ開発されていない。

※5
日本赤十字社「新型コロナウイルスの3つの顔を知ろう！～負のスパイラルを断ち切るために～」
http://www.jrc.or.jp/activity/saigai/news/200326_006124.html

今思い返すと、新型コロナウイルス感染症の流行が伝えられた一月から三月ごろは、多くの人々は恐怖とまでは行かないが不安と呼ぶにはそんなに小さくない、なんとも形容し難い不確かな感情を持っていたと思う。有名タレントの死、スポーツ選手の感染、欧米の死者数の急激な増加、高齢者や既往症のある人々の重症化などの情報が伝えられる中で、まだ有効な治療薬やワクチンを持たない私たちは感染の不安と向き合い続けなければならなかった。

日赤は、この「不安と恐れ」が二つ目の「顔」であると指摘する。自分も感染するかもしれないという不安が感染者を遠ざけようとする。その行為が差別や偏見につながっていく危険性を持っているという。

「医療従事者の子どもの登校を拒否する」、「特定の職業や地域を敵視する」、「他府県ナンバーの車に傷をつける」、「外で遊んでいる子どもを叱りつける」、「都会から帰省してきた人の家に地元の人が抗議文を投げ込む」などの行為は、感染者を遠ざけようとする過度な不安と恐れがその背景にあると考えられる。

日赤は、こうして生み出された「不安と恐れ」は「嫌悪・偏見・差別」という三つ目の顔につながっていくと指摘している。

そして、自分の周囲の人々が「嫌悪・偏見・差別」という感情を持っているかも知れないと考えると、人は自分がその対象にならないようにと、体調不良や感染の不安があってもそれを隠すようになる。そして、万一感染していても気づかず、対応をせず、結果として「病気そのもの」を広げていく。

この「3つの顔」を教育の視点でとらえ直してみたいと思う。

## 学校が行える「3つの顔」対策

病気を遠ざけるための手洗いや消毒、うがい、マスク着用といった感染予防策の丁寧な指導は、特に小さな子どもたちには絶対に必要だ。学校は普段から保健、健康に留意した指導を大切にしている。食後の歯磨きやうがい、手洗いの励行、風邪やインフルエンザの感染予防策などは得意分野といっていい。そんな日常的な指導を行っている学校だからこそ、新型コロナウイルス感染症の対策に有益だと言われている「3密」の回避や手指の消毒の指導を実施できる。

ただ、子どもたちが触れる施設や物品の消毒作業に教職員の負担が大きくなっているのも事実だ。夏頃になると専門家の意見も多様化してきた。学校の感染症対策をあまりにも「やりすぎ」と指摘する専門的指摘も行われるようになってきた（※6）。現場の教職員に何が正しいかを判断するのは困難だ。専門家による研究の積み重ねと正しい支援が必要である。もちろん、教職員の負担軽減のための、例えば消毒専門職員の配置などの要求は当然必要だ。

新型コロナウイルス感染症への不安はどうだろう。「自分が感染して死んでしまうのではないか」と心配している子どもの話を聞いたことがある。自宅に閉じ込められて思いっきり遊べず、休校で友達と会えない寂しさを漏らす子どもたちの話もよく聞いた。

私は兵庫県に住んでいるが、地元の兵庫県教職員組合は機関紙を通して、現場でとりくまれている子どもたちの支援のアイデアを伝え続けている。こういった現場の知恵の共有は大切だ。他の単組も同様だろう。他にも、子ども支援を行ってきたＮＰＯ

※6
朝日新聞デジタル「学校の『感染対策』、ずれてないか」
二〇二〇年八月二五日
https://www.asahi.com/articles/DA3S14597410.html

がWeb上でサポートを行っている事例もある（※7）。

阪神・淡路大震災（一九九五年一月）の発生直後、兵庫県は文部省（当時）と交渉し、阪神・淡路大震災直後の一九九五年四月から震災発生時の〇歳児が義務教育を卒業する二〇一〇年三月まで、「教育復興担当教員」を配置してきた（二〇〇五年に「大震災に係る心のケア担当教員」に名称変更）（※８）。この先進事例は、その後の東日本大震災（二〇一一年三月）や熊本地震（二〇一六年四月）など、様々な被災地でも引き継がれている。災害時の子どもたちの支援の経験は、被災地で蓄積されてきたはずだ。この蓄積を全国でうまく共有していきたい。

新型コロナウイルス感染症は、社会機能が突然停止して学校が閉鎖されるという意味でまぎれもなく災害である。災害時の子ども支援の蓄積を活用して、新型コロナウイルス感染症に不安を持つ子どもたちに寄り添い、登校できず、友達や先生に会えずに寂しい時期を過ごした子どもたちをサポートできるのは、他ならぬ学校であるはずだ。

嫌悪や偏見、差別はどうだろう。教職員は、こういった人権にかかわる課題に日常的に向き合ってきた。全国には人権教育の優れた実践があり、市町村レベル、都道府県レベル、全国レベルの教育研究集会では、多くの優れた（あるいは試行錯誤しながら頑張っている）実践が報告され共有されてきた。

私たちは、「差別は許されない」という知識の存在を伝えるだけの教育ではなく、子どもたちが人権の意味に気づき、それをストンと飲み込んでいく実践を作り上げてきたはずだ。現場での実践を通して差別や偏見と向き合い続けてきた歴史を持っている。私たちが蓄積してきた人権教育は、新型コロナウイルス感染症の今、その真価を問われている。

## 本当に長期休校は必要だったのか

こう考えると、学校を長期休校にする意味があったのかどうか、疑問に思う。学校を開いて子どもたちと向き合い続けるべきではなかったのだろうか。もちろん感染対策を万全に実施するという条件付きだが。

新型コロナウイルス感染症に関しては日本の死亡者は最悪四〇万人を超えるとか、三〇〇〇人で止ま

※7
例えば、社会応援ネットワーク「子ども応援便りWeb版　新型コロナウイルスの影響下、子どもたちと関わるおとなにできること」
https://kodomo-ouen.com/covid19/index.html

※8
兵庫県教育委員会「災害を受けた子どもたちの心の理解とケア　研修資料」には教育復興担当教員の意義や、直後から一年後、平常時の心のケアにかかわる事例が詳しく紹介されている。

るとか、専門家の主張に幅がありすぎて、素人には何が何だかわからない。政治家は、その都合のいい方を取り上げて政策の根拠にしているのだろう。「休校によるCOVID−19予防効果にエビデンスなし」という記事もある（※9）。学校の閉鎖は感染の抑止にはつながらないという専門誌の指摘を紹介している。

　こういった科学的研究の蓄積によって新型コロナウイルス感染症への有効な対策は徐々にわかってくるのかもしれない。アメリカ合衆国は世界最大の感染国となってしまったが、その中でももっとも被害の拡大したニューヨーク州のクオモ知事は、ロックダウンの解除を決めるのは政治的判断でも情緒的判断でもなく、科学とデータだと言った。なるほどと思いながらも、そのデータが蓄積するまで学校の閉鎖を継続することは現実的ではないと私は思う。

　私が関わってきた防災教育の世界では、災害を「正しく恐れる」という表現がある。災害を恐ろしいものだと教えても（脅しの防災教育）、それほど効果は期待できない。それよりも、災害を引き起こすハザードの性質を理解し、被害を受ける側の地域のリスクを理解し、正しく備え、災害発生時の適切な対応を学んでおけば、被害の軽減は可能だし、その後の回復も早くなる、という発想だ。

　感染症でも、敵を知って備えを実行することが感染を遠ざけ、不安を和らげる。さらに子どもたち、保護者のこころのサポートに万全を期したうえで、学校を開いてこそできるとりくみを実践していかなければならないのではないだろうか。子どもたちはリアルな社会性の中でこそ育っていくのである。

## ICT教育の広がりと課題

もうひとつ考えておきたいことがある。

長期休校と現在も続く不便な学習環境の中で、インターネットを使った遠隔授業の長所と短所が議論されている。肯定的な意見は、例えば、パンデミックや自然災害による突然の休校による学習機会の危機を防げる、教室という環境に入れなかった子どもがネットなら参加できた、などに代表される。

Ｗｉ−Ｆｉ環境やコンピュータの普及率などの、遠隔授業を行うための技術的側面もよく議論されている。日本がＩＣＴ教育の後進国だった事実が、全

※9
日経メディカル「休校によるCOVID−19予防効果にエビデンスなし」二〇二〇年四月二一日
https://medical.nikkeibp.co.jp/leaf/mem/pub/eye/202004/565192.html

国一斉休校で炙り出された。だから、もっと遠隔授業をコンピュータで行うためのＩＣＴ化を進めようという主張である。

おそらく、ＩＣＴを使った遠隔教育の導入と広がりは避けて通れないだろう。ただ、それが万能ではないことも理解しておかなければならない。

すべての家庭が同じ環境にあるわけではない。Ｗｉ‐Ｆｉやコンピュータのない家庭もあるし、あっても家庭に一台で兄弟姉妹が多いと使えない子どもが出てくる。テレワークの親と子どもが仕事と勉強を一緒にできてよかったという声がある。他方、親がイライラして子どもに当たったり、テレワークができない職種で小さな子どもを家に置き去りにしたりといった課題も指摘されている。

結局、経済の格差が教育の格差に直結しているのである。すべての子どもたちがコンピュータかタブレットとＷｉ‐Ｆｉを家庭に持ち帰ることができるような教育環境の整備はまだまだだ。ユビキタス社会と言われて久しいが、インターネット環境の格差は存在している。そこを放置したままでは、教育の格差はますます広がる。

## 学校という場でしかできないこと

そういった技術論は教育の可能性を広げる意味で大切だが、もう一つ忘れてはならないのは、学校で、対面で、「集団」でこそできる教育とは何かという議論である。

インターネット上での学習の肯定理由に、一人でも、いつでも、繰り返して学べるという指摘がある。教科書会社や大手予備校、塾などが提供する学習教材を使えば、知識という学力の獲得は可能だろう。

では、学校という場所で子どもたちがこれまで身につけてきた「力」、今後も身につけて欲しいと期待されている「力」は、知識の量で測定できる学力だけだろうか。学力＝知識の量＝受験学力でいいのだろうか。学力にはもっと違う側面がある。あるいは、それを学力と呼ぶことが混乱を招くなら、別の表現を使って表すと良いのかも知れない。

文科省自体が新しい学習指導要領の中で、「知識・技能」「思考力・判断力・表現力等」「学びに向かう力・人間性等」という表現を使って、少なくとも学力＝知識の量ではないと明言しているではないか。

遠隔授業は、なるほど、そのバーチャルな関係性によって不登校の子どもたちが持つ不安を和らげたかもしれない。ネットを通した授業への参加がきっかけとなって、その後再開された学校に通っている子どもの話を聞くと、よかったなと思う。不登校の高校生が出席時間数の不足で留年、自主退学を強いられてきた歴史を変えられるかもしれない。

だが、学校はやはり、多様な個性が協力し合い、たまにはぶつかり合うリアルな場であるはずだ。

休校明けに喧嘩をした子どもたちに、ある先生がこう言ったという。「喧嘩できてよかったね」。バーチャルでは喧嘩もできない。子どもたちは喧嘩も含めてリアルな触れあい、ぶつかり合いの中で育っていく。無菌培養された子どもは、困難に直面すると弱いと思う。新型コロナウイルス感染症による長期休校を余儀なくされたからこそ、「集団で学ぶ」ことの意味を考えたい。ここで言う「集団」とは、「多様な個性が集まって学び合う場」である。

普段の学校には、試行錯誤、失敗からの学び、他者との協働的学び、個人や仲間での不安や課題との格闘、そういった学びと育ちを保障する場がある。それを全部丸ごと取り上げられたら、子どもたちはどう育っていくのだろう。

## 早急な支援体制の構築が必要

兵庫県内では、新型コロナ感染症への不安で登校できていない子ども（小中学生）が二五四人いるという（※10）。自分自身の感染への不安だけではなく、同居する祖父母へうつしてしまうかも知れない不安も、登校しない理由の一つのようだ。そんな子どもがいる学校では、インターネットを使った遠隔授業や放課後の個別補習などで安心して授業を受けられる対応をしている。

重度の医療的ケアを必要とする子どもが通う特別支援学校では、感染は死につながる危険もあるとその学校の教職員から聞いたことがある。だから、子どもを「密」が形成される学校に行かせたくない保護者もいる。

教職員は、子どもたちは学校で育っていくという考えを持ちながらも、学校に来なくてもいいという選択肢を肯定しなければならない。命がかかわるからだ。文科省はこういった柔軟な対応を認めている

※10　神戸新聞「コロナ『校内感染が不安』　県内254人登校できず」二〇二〇年八月二〇日

が（※11）、いつまでも続けるわけにはいかないだろう。たとえ制度的には可能ではあっても、教職員の心には「子どもたちは学校で育つ」という信念がある。感染の危険性をできるだけ下げるための物理的対応を可能にする学校支援策がぜひ必要だ。感染予防などの具体的な環境整備を一定程度は外部の専門家と支援者に任せながら、教職員が目の前にある危機に対応するクライシスマネジメント（※12）に忙殺されるのではなく、子どもたちの育ちの支援に専念できる環境を保障しなければならない。今の日本は、自然災害であってもパンデミックであっても、そこが極めて脆弱だ。

　学校が再開された六月上旬に実施された神戸新聞のアンケートでは、中学生の五四・二％が「眠れないことがある」と答えたという（※13）。友達と会えない不安も大きかっただろう。長期休校が始まった当初は「ラッキー」と思っていた子どもたちも、休校が長引くにつれ寂しくなり不安になっていったとよく聞く。そんな不安な心には対処法があることを子どもたちに伝えられるように、教職員にはこころのケアの知識も必要であり、それを身につける研修の場の拡充も必要だ。

※11
文部科学省「新型コロナウイルス感染症に対応した持続的な学校運営のためのガイドライン」
https://www.mext.go.jp/a_menu/coronavirus/mext_00049.html

※12
クライシスマネジメント＝被害が発生してからの対応。リスクマネジメントは事前に予防策を講じて被害を最小限に抑える対応。リスクマネジメントが事前、クライシスマネジメントが発生後の対応。

※13
神戸新聞「コロナのストレス　定期的に確認」二〇二〇年八月一六日

　不安なのは子どもたちだけではない。自分の環境も激変した保護者の不安も大きいだろう。教職員がそのすべてに対応するべきだというわけではないが、保護者のよりどころは担任であり、学校である。担任の先生と保護者との話し合いなどがゆとりをもって行えるようにするには、少人数クラスや教職員定員増が必要だ。

　学校は今、感染の不安解消と学習機会の保障という、一見相反する課題に直面している。

　解決策はそんなに難しくない。私が防災教育でよく訪れる高知の小学校は、過疎の中にある。そういった学校では、「3密」の回避は都会の学校ほど困難ではない。子どもたちとの触れ合いもゆたかだ。

　三〇人学級、二〇人学級の実現が、実は新型コロナウイルス感染症の対応にも役立つ。そして、こういった危機―パンデミックや自然災害―が発生した時に、子どもたちや保護者の不安と寄り添えるような学校づくりが、日常から求められている。

　日常的にこういった事態に備えている社会は、ゆたかな回復力（レジリエンス）を持っている。レジリエントな学校づくりを進めていかなければならない。

法律から読み解く

# 学校の「休校（休業）」は、誰が決めるのか？

上川　浩貴
かみかわ・ひろたか

教育アドバイザー、専門は教育財政・教育行政分野。主に、国・都道府県・市町村の教育行財政の仕組みと関係法令・自治体条例、公立学校の学校財務や教職員の組織編制・定数・給与制度等を研究。1955年北海道生まれ、公立学校勤務を経て、教育関係機関に約20年間勤務。2020年より現職。

## はじめに

新型コロナウイルスの感染拡大防止のため、二月二七日に安倍首相（当時）は全国の学校に一斉臨時休校（休業）を要請した。これを受け、文科省は二月二八日に文部科学事務次官通知を発し、同様の要請を行った。政府・文科省には、公立学校の休校（休業）についての決定権や指揮命令権はない。したがって、これらはあくまでも、「要請」である。

地方教育行政の組織及び運営に関する法律
（文部科学大臣又は都道府県委員会の指導、助言及び援助）
第四十八条　地方自治法第二百四十五条の四第一項の規定によるほか、文部科学大臣は都道府県又は市町村に対し、都道府県委員会は市町村に対し、都道府県又は市町村の教育に関する事務の適正な処理を図るため、必要な指導、助言又は援助を行うことができる。

※筆者注　指導、助言、援助というのは、法的拘束力のない関与の形のこと。

また、新型コロナウイルス対策として、多くの知事や市町村長が、学校休校（休業）について、自らに決定権があるかのように発言している。

公立学校の臨時休校（休業）の決定権はどこにあるのか、考察していきたい。なお、法律的には休校ではなく休業なので以下、休業と記す。

## 休業日・臨時休業日の設定根拠とは

（1）休業日の設定

学校教育法施行規則第六十一条（中学校等準用）において、公立学校の休業日は、①国民の祝日に関する法律に規定する日、②日曜日及び土曜日、③学校教育法施行令第二十九条第一項の規定により教育委員会が定める日である。

学校教育法施行令第二十九条第一項は、夏季、冬季、学年末、農繁期等における休業日又は家庭及び地域における体験的な学習活動その他の学習活動のための休業日は、設置者の教育委員会が定める旨規定している。

※筆者注　休業日等の大綱について教育委員会が規定し、具体的な休業日は校長が決定することがある。

（2）臨時休業日の設定

次の二つを根拠として認められている。

・学校教育法施行規則第六十三条（中学校等準用）において、校長は、非常変災その他急迫の事情があるときは、臨時に授業を行わないことができる。

・学校保健安全法第二十条を根拠として、感染症の予防上必要があるときに臨時休業ができる。

今回、全国で行われた新型コロナウイルス感染症に対応するための学校の臨時休業は、この学校保健安全法を根拠としたものである。

学校保健安全法

（臨時休業）

第二十条　学校の設置者は、感染症の予防上必要があるときは、臨時に、学校の全部又は一部の休業を行うことができる。

## 公立学校の設置者とは誰なのか

学校保健安全法で「学校の設置者」は、学校の臨時休業を行うことができるとなっている。ここで問題となるのは、公立学校の設置者とは一体誰なのか？　ということだ。「学校の設置者」を明定している法律は、学校教育法である。

学校教育法
（学校の設置者、国立・公立・私立学校）
第二条　学校は、国、地方公共団体及び私立学校法第三条に規定する学校法人のみが、これを設置することができる。

公立学校の設置者は「地方公共団体」つまり、市町村や都道府県ということになる。そうであるならば、臨時休業を決めるのは、学校の設置者＝地方公共団体となり、その地方公共団体を代表するのは市町村長などの首長であるわけだから、首長に臨時休業を決める権限がある、と考えている方が多い。しかし、公立学校の場合、「学校の設置者」とは地方公共団体をさしていることに間違いはないが、以下に示すとおり、教育委員会が学校の管理運営について最終的な責任と権限を有している。つまり、感染症予防のための臨時休業も含め、「学校の設置者」としての権限を行使できるのは、地方公共団体の首長ではなく、教育委員会ということになる。

「学校の設置者」としての権限を行使できるのは教育委員会である、という根拠は、地方教育行政の組織及び運営に関する法律にある。

地方教育行政の組織及び運営に関する法律
（教育委員会の職務権限）
第二十一条　教育委員会は、当該地方公共団体が処理する教育に関する事務で、次に掲げるものを管理し、及び執行する。
一　教育委員会の所管に属する第三十条に規定する学校その他の教育機関の設置、管理及び廃止に関すること。

このように、教育委員会が管理し、執行する事務として「学校の設置」が明確に定められている。また、「管理」については、「教育機関の『管理』とは、単に次号に規定する物的管理のみをいうのではなく、人的管理及び運営管理を包摂する」（『逐条解説　地方教育行政の組織及び運営に関する法律　第四次新訂』木田宏・第一法規・一九六頁）と解されており、「教育委員会は、当該地方公共団体の設置する教育機関に対し、一般的支配権の行使として、物的管理、人的管理、運営管理の諸種の権能を行使する」（木田・前掲書二九一頁）ことからすれば、学校保健安全法第二十条に基づく臨時休業を行うか否かの権限は、首長ではなく、教育委員会にあることになる。

学校の設置者に関して、地方教育行政の組織及び運営に関する法律の改正案が審議された第一八六回国会（二〇一四年五月一四日衆院文科委員会）で、当時の下村文部科学大臣が次のように答弁している。

「公立学校の場合の学校の設置者とは、学校を設置管理する教育委員会であるわけであります」。

また、二〇〇三年六月一〇日参院文科委員会において、文科省高等教育局長・遠藤純一郎政府参考人も次の答弁を行っている。

「法令上、学校の設置者とは、設置する学校の土地や建物などの財産を所有、管理し、当該学校を直接運営する者を指す」。

このように、公立学校は、地方公共団体が設置するが、実質的に管理運営する者が「学校の設置者」（学校の管理者＝学校の設置者）であるとされている。

## 新型インフルエンザ等対策特別措置法の措置

参考までに、新型コロナウイルスも対象となっている、新型インフルエンザ等対策特別措置法の措置について記す。

新型インフルエンザ等対策特別措置法（以下、「特措法」という）第三十二条第一項に基づき、「緊急事態宣言」が出されると、事態の進展に応じた措置が講じられることになる。

・緊急事態措置を実施すべき区域とされた都道府県の知事（対策本部長）は、新型インフルエンザ等のまん延を防止し、国民の生命及び健康を保護し、並びに国民生活及び国民経済の混乱を回避するため必要があると認めるときは、施設管理者等に対して、学校等の施設の使用の制限や停止を要請することができるようになる（特措法第四十五条第二項）。また、正当な理由がないのに要請に応じないときは、都道府県知事は、特に必要があると認めるときに限り、当該施設管理者等に対し、要請にかかる措置を講ずるよう指示することができる（同条第三項）。

・市町村においても対策本部が設置され、市町村長（対策本部長）から教育委員会に対し、必要な措置を講ずるよう求めることができる（特措法第三十六条第六項）。

都道府県知事から学校施設の使用制限等の要請があった場合においても、学校の設置者である教育委員会が、学校保健安全法第二十条に基づく「臨時休業」の判断を行うことになる。

## 夏休みの日数は誰が決める？

長期休業期間の日数設定の権限は、前述したように、学校教育法施行令第二十九条の規定上、教育委員会の権能となっており、首長権限でないことは明らかである（なお、各学校長に委任している場合もある）。

ましてや、市町村立学校の設置の地方公共団体でもない都道府県知事が、市町村立学校の夏季休業期間を「いつから、何日間とする」等、自己の権限のように発言することは、あってはならないことである。

## 教育に対する首長の権限強化はあったのか？

教育委員会制度の見直しに係る地方教育行政の組織及び運営に関する法律（地教行法）が改正され、二〇一五年四月一日から施行された。

この改正の目的は、「教育の政治的中立性、継続性、安定性を確保しつつ、地方教育行政における責任体制の明確化、地方公共団体の長と教育委員会との連携の強化等を行うもの」とされている。具体的には、首長が招集する総合教育会議と首長が議会の同意を得て直接任命する教育長を通じて、首長の教育への関与を拡大するものである。

ただし、教育の政治的中立性を担保するために、引き続き、執行機関として合議制による教育委員会制度が残され、教育に係る首長と教育委員会の権限関係も、首長に新たに大綱の策定に関する事務が加わったものの、改正前と変更はない。

・首長の権限＝大綱策定の事務、教育予算の執行など

・教育委員会の権限＝学校の設置、管理・廃止、教職員の任免・人事、学校の組織編制、教育課程、学習指導、生徒指導、教科書・教材の取扱い、校舎・施設・教具・設備の整備など

新設された総合教育会議も首長と教育委員会という対等な執行機関同士の協議・調整の場となっている。また、教育長が教育委員会の意思決定に基づき事務をつかさどる立場にあることに変わりはなく、教育委員会の意思決定に反する事務執行を行うことはできないことも、改正前と変わっていない。

首長に大綱の策定権限が与えられたが、教育委員会の権限に属する事務を管理し、執行する権限が首長に与えられたものではない。教育の最終的責任は合議体としての教育委員会であることに変わりはないのである。

当時の国会審議において、政府から、「総合教育会議で教育委員会の権限に属する事務の中で協議し調整する事項は、予算の調製、執行や条例提案などの首長の権限と調和を図ることが必要なものに限られている。また、首長の権限でない事項については、調整の対象とはならないが自由な意見交換として協議することは可能であるものの、決定権限は執行機関である教育委員会に留保されている」との答弁がされている。土曜授業や二学期制の実施の決定権も、あくまで、執行機関である教育委員会に留保されていると答弁している。全国学力・学習状況調査の結果の公表についても、文科省通知において「都道府県の大綱に記載する事項としては馴染まないもの」と書かれている。

## おわりに

新型コロナウイルス対策にともない、多くの知事や市町村長が学校休業や夏季等休業日の開始・終了日について、自らに決定権限があるかのように発言している場面が目立つ。しかし、地教行法が改正され、首長の教育への関与が強まった面があるものの、これまで記したように、首長にはそうした権限はない。こうした首長の発言に対して、それは首長の権限ではなく教育委員会の権限であると、そう表明した教育委員会がいくつあったのだろうか。

憲法第二十六条第一項において、すべての国民に「教育を受ける権利」が保障されている。同時に、同条第二項で、すべての国民に対して、「保護する子女に普通教育を受けさせる義務」を負わせている。この担保のために、教育基本法第五条第三項において、国・地方公共団体に義務教育の機会の保障と実施についての責務を規定している。

新型コロナウイルス感染症拡大防止は当然、重要なことだ。一方で、国民の教育を受ける権利を保障することも極めて重要なことである。したがって、学校休業は、客観的なデータや様々な状況を見て慎重に判断すべきことであり、休業する場合においては、教育を受ける権利保障のための代替策をしっかりと講ずべきものである。

全国の教育委員会・教育委員の方々にはその点を踏まえていってほしい。

　教育委員会制度は、教育への不当な支配・介入を禁じ、教育の自主性・自律性を確保するために設けられたものである。教育の政治的中立性、継続性、安定性を確保するために極めて重要なものであり、新型コロナウイルス対策をきっかけとしてこの重要な基盤がゆらぐことはあってはならず、今後も状況を注視していきたい。

# 「誠実」と「抽象」

## ―カミュの『ペスト』を読む―

柳沢 文昭

やなぎさわ・ふみあき

盛岡大学名誉教授。専門はフランス文学。日本カミュ研究会会員。訳書に『対訳フランス語で読もう「異邦人」』( アルベール・カミュ著、第三書房 )、共著に『「民意」と政治的態度のつくられ方』（太田出版）など。

**コロナ禍のなか、カミュの『ペスト』がよく読まれたと言う。皆さんどのようにお読みになったのだろう。一人の医師を中心に善意の市民が団結して、主義や信条の違いを越え、自らの命を賭し、ペストに立ち向かうというストーリーだが、読む度に、そのときの視点に応じ、そこには様々なドラマが浮かび上がる。次に記すのは、その一例だ。**

### 「誠実」という行動原理

舞台はフランス領アルジェリアの港湾都市、オラン。語り手は、リユー医師とその周囲の人々の言動を追って、物語を進める。一九四〇年代のある春、突然のネズミの大量死に続き、熱病が発生し、犠牲者が出る。リユーはそれをペストと見抜く。ペストとは恐怖と苦痛に満ちた確実な死だ。彼は底知れぬ不安に襲われ、半ば伝説化した歴史上のペストの奇怪な情景の幻想に翻弄される。その眩惑を断ち切るのは、「肝心なのは、しっかりと自分の仕事をすることだ」（62）（※1）という思いだ。これは行動原理の確認に他ならない。つまり、行動への衝動が彼を現実に引き戻すのだ。彼はまた別の機会に、「ペストと闘う唯一の方法は誠実さだ。[…]わたしの場合、その基本は、自分の仕事をするということだ」(147)とも述べている。つまり、「誠実」が彼の行動原理だ。彼は行動に移る。

リユーの「誠実」に疑いの余地はない。彼は、県庁で開かれた保健衛生委員会に、「この病気をはっきり、その名前で呼ぶ」(62)決意を固めて出席する。だが他の委員は皆、それがペストである確証はないとして、ためらう。ここから彼のペストとの闘いが始まる。もう、症状をあれこれ論じているときではない。彼は、ただひたすら繰返す「拡大が止まらなければ、二ヶ月もたたないうちに、この病気で街の人口の半分が死ぬ危険があります。だから、皆さんがそれをペストと呼ぶか、成長熱と呼ぶかはさして重要ではない。重要なのは、この病気で街の人口の半分が死なないようにすることだけです。」(67)これが功を奏する。彼は委員会から、「我々は、この病気がペストであるものとして、責任を持って行動しなければならない」(68)との議決を勝ち取る。

## 「抽象」への同意

それでも感染はやまず、死者は増加する。遂にペスト汚染宣言が出され、街は封鎖される。鉄道も船も止まる。全住民は居ながらにして追放の身となり、否応なくペストとの闘いに巻き込まれる。そのようなとき、新聞記者のランベールがリユーに会いに来る。彼はパリの新聞社から派遣され、オランに滞在中ペストに遭遇した。パリには愛する女性を残して来ている。彼は一刻も早く、彼女の許に戻りたい。彼は、街を出られるように、非感染の証明書を書いて欲しいと言う。リユーは断る。感染していようが、いまいが、彼を例外扱いはできない。彼が、自分は街とは関係のない人間だと訴えても、リユーは、「この件は、わたしたち全員に関わる」(92)とつっぱねる。すると彼はリユーを、「抽象に囚われている」(93)と責める。実はリユーも、本国のサナトリウムで療養中の妻と離れ離れの身なのだが、彼は知る由もない。彼は不法な手段での脱出もほのめかす。リユーは、なぜかそれを思い止まらせようとはしない。

※1 この記事を書くにあたっては、プレイヤード版『カミュ全集』第二巻(CAMUS, Albert : *Oeuvres complètes II*, Gallimard)を参照した。括弧内の算用数字は同巻の頁数。

確かにペストとの闘いは、ランベールが難じたように「抽象」なのだ。たまたま街を離れていた親あるいは子、夫あるいは妻、恋人などの帰還を不可能にした街の封鎖は、人々の様々な事情を無視し、県の決定の公表の数時間前に強行され、誰もが、「個別の感情など持たないかのように行動することを余儀なく」(79)された。また、郵便は禁止され、市外電話も回線が混み合って使えず、通信手段は電報に限られるようになる。電報では、簡単な紋切り型の言い回ししか使えない。それは別離の感情の表現から具体性と微妙な差異を、また固有性を奪う。また、血の出るような別離の思いを、周囲の誰かに打ち明けても、切実さは伝わらず、無理解や平俗な解釈にさらされるのが落ちだ。愛し合う相手から引き離された者たちは、そこで、その感情を沈黙の奥に秘め隠すようになる。これは言わば、「愛のエゴイズム」(85)だ。だが今、「抽象」に飲み込まれないものはこれしかない。これは愛する者だけが持つ強みだ。

　リユー自身、その職務の遂行、即ち「誠実」において「抽象」として振る舞わざるを得ない。少なくとも患者とその家族の目にはそう映る。かつて患者はすすんで自らを彼に委ねたが、今は、「寡黙になり[…]彼らの病気のなかに逃げ込む。」(75)目の前の「抽象」に警戒心を抱くのだ。ペストと診断されると、例外なく隔離だが、そうなると家族はもう患者に、死ぬか全快するかしないと会えない。「そこで争いが、涙が、説得が、要するに抽象が始まる。」(94)家族は憐れみを請う。リユーにも憐れみはあるが、そんな役に立たないものは押し殺すしかない。連日それを繰返す結果、彼は憐れみの感覚を喪失するが、この無感覚は「抽象」のなかでは、むしろ彼の救いとなる。

　実はリユーは、すでに保健衛生委員会の際、「抽象」を引き受けていた。彼は執拗に繰り返した「拡大が止まらなければ、二ヶ月もたたないうちに、この病気で街の人口の半分が死ぬ危険があります。」これは、住民の半分を人質に取っての脅迫に等しい。または、ペストにおける死の明証を突きつけての異論封じとも言える。各人に疑いや熟慮を許さず、それぞれ独自の思索の道を自ら切り開いて、妥当とみなせる見解に達する権利を奪う。つまり内的自発性の圧殺、即ち「抽象」だ。そして彼は「誠実」の名においてそうしたのだ。リユーの考えでは、ペストがそもそも「抽象」だ。その無差別性は個人の特殊性を捨象する。だが、「抽象が人を殺しにかかるときには、抽象を相手にしなければならない。」(94)そして、「ペストと闘うには、幾分それに似なければならない。」(96)(※2)なぜならば闘いは、相手への適応および同化という面を持つからだ。「誠実」は「抽象」と闘うために、それに同意せざるを得ない。

## 無知とヒロイズム

夏の初め、イエズス会士、パヌルー神父が説教を行い、そこで、ペストは神慮であると説く。この頃から市民たちは状況を深刻に捉え始める。そしてタルーがリユーに会いに来る。彼は、どこからともなく街にやって来て、ホテル暮らしをしている謎の人物だ。彼は、ボランティアの民間防疫組織の立ち上げを提案する。また、リユーにとってのペストとの闘いの意味を問う。リユーは答える「わたしには、何がわたしを待っているのか、これがすっかり終わった後はどうなるのか分からない。目下のところは病人がいる。そして彼らを治す必要がある。後から彼らは考えるだろうし、わたしもまた考える。だが、より急を要するのは彼らを治すほうだ。」(121)彼の提案は結局、受け入れられる。

タルーは組織作りにかかる。多くの市民が危険を承知で、その組織に志願し、消毒作業の補助、医師の往診の補佐、罹患者の搬送、ときには死体の運搬などに従事する。パヌルー神父も参加する。語り手によれば、志願した市民たちにとり、「やるべきことは一つだけで[…]そう決断しないことのほうが、むしろ信じられなかった。」(124)さらに、「問題のすべては、できるだけ多くの人の死を阻止することで、そのためには方法は一つしかなかった[…]。」(125)語り手は、このような決断を「立派」とは言わずに、「筋が通っている」とだけ評する。それは彼らが、リユーが委員会において同僚たちにしたように、自分自身に死の明証を突きつけ、ためらいを封じたかも知れないからだ。語り手が、ボランティアたちへの手放しの称賛を敢えて控えるのは、「誠実」の「抽象」への同意という事実に注意を促したいからだ。それを知らずに「抽象」と戦い続けるナイーヴな人は、「ヒーロー」になれるだろう。無知が「ヒーロー」を生む(※3)。語り手の考えでは、

※2 『ドイツ人の友への手紙』の『第四の手紙』においてもカミュは書いている「我々は、死なないですむように、君たち[ナチス]の真似をせざるを得なかった。」(27)

※3 このような「ヒーロー」の身近な例は「自粛警察」だろう。

ペストとの闘いに「ヒーロー」は要らない。だが物語にはどうしても「ヒーロー」が必要だと言うのなら、語り手は、市の臨時職員を務めながら小説を書いているグランを推す。彼も防疫組織に参加する。だが、それを最優先の仕事にはしないという知恵を持っている。彼は毎日、十八時から二十時までをその活動に割き、その後は、彼の最も神聖な仕事、手稿の推敲に没頭する。彼がペストとの闘いの「ヒーロー」になれば、ヒロイズムは自ずとそれにふさわしい場所に落ち着く。それはせいぜい第二の地位だ。

　語り手が第一の地位に置くのは「幸福の高邁な希求」（128）だ（※４）。なぜならば、それを救うことがペストと闘う目的だからだ。だからこそリユーは、愛する女と暮らすために手段を選ばず街を出るというランベールの意志を尊重する。また彼が密輸入者グループの協力で脱出する計画であることを知りながら、「わたしは決して、あなたがしようとしていることを断念させようとは考えない。それはわたしには正しいこと、よいことに思える」（147）と言う。リユー自身、「幸福のために何かをしたい」（174）のだ。そうすることを通じて「誠実は」、自らの目的を再確認し、その目的の名において「抽象」を制御し、その支配から、束の間、抜け出ることができる。

　ところが「ヒーロー」は自分が「抽象」に同意していることも、自分より上位に「幸福」が位置していることも知らない。すると「抽象」はもはや制御されず、無制限な力を振るい、同胞ともども「ヒーロー」自身をも完全に「抽象」化する。ランベールは言う「彼［人間］は、愛に背を向けたときから、一個の観念、それもたいして意味のない観念になる。」（147）自分が観念でしかなく、他人も観念でしかないとしたら、その他人を殺すのをためらう必要はない。故にランベールは、ヒロイズムは「殺人に走る」（147）と考える。彼はスペイン内戦（※５）を共和国側で戦った経験がある。これはそこで得た教訓だ。結局、彼は、脱出準備が完了するまでは防疫組織で活動することを申し出る。

## 「愛のエゴイズム」の屈服

　八月半ば、ペスト即ち「抽象」がすべてを覆う。その結果、別離の境遇にある者の内面に重大な変化が生じる。愛する相手のことはまだ、よく思い出せ

※４　おそらくカミュ自身は、語り手とは異なり、第一の地位に、戯画化した形でグランにその達成の使命を託した芸術の完成を置くだろう。

※５　フランコ将軍などが共和制の打倒を目的に起こしたクーデタに端を発する内戦（一九三六〜三九年）。共和国側の敗北に終わり、それ以降、スペインはフランコ独裁の時代に入る。

るが、今この瞬間に、相手が何をしているかは思い描けない。想像力が失われたのだ。次に、記憶が形骸化する。思い浮かぶ顔は、もはや血の通った生身の顔ではない。かつての親密な感覚はよみがえらない。彼らの感情は悲愴味を失う。それは諦めとは違う。慣れだ。だが、「絶望に慣れるのは、絶望以上に悪い。」(160)彼らは今まで、自分の苦しみと集団的不幸のあいだに一線を画して来たが、ここで遂に、両者の混同を受け入れる。「愛のエゴイズム」が「抽象」に屈服する。

医師の仕事も変質する。もはや、治療はしない。「毛布を剥ぎ、見て、記述し、記録し、次に宣告を下す」(165)だけだ。家族の顔には憎しみの表情が浮かぶ。家族が扉を閉ざすと、兵隊を同行して、銃床で戸を叩かせて、押し入る。リユーは「これは人間の仕事とは呼べない」(166)と感じる。家族の側からは、医師の「誠実」はペストに売り渡されているように見えるだろう。

そしてランベールは街からの脱出を、決行予定の当日、断念する。街に残り、ペストと闘うためだ。彼は「この件は、わたしたち全員に関わる」(178)と言う。この言葉は連帯の勝利を意味するのだろうか。それとも「抽象」への愛の屈服を意味するのだろうか。リユーが、幸福を選ぶのに恥じたりする必要はないと言うのに対し、彼は、「一人だけ幸福になるのは恥ずかしいことかも知れない」(178)と答える。エゴイズムが失われたのは確かだ。彼が、リユー自身は幸福を断念したのかと訊くと、リユーは答える「愛するものに背を向けさせるほど価値のあるものなど、この世界には何もない。ところが、なぜだか分からないまま、わたしもまた、それに背を向けている。」(178)そしてつけ加える「治すことと知ることを同時にはできない。であるならば、できるだけ速く治そう。より急を要するのはそちらのほうだ。」(178)。

## 転機

ペストとの闘いは続く。血清が完成し、ある少年にまず試みられるが、苦しみを長引かせただけの結果に終わる。それに終始、立ち会ったパヌルー神父は内心の危機を経験し、結局、一層、頑なに信仰に閉じこもる。やがて彼も感染するが、医師の治療を拒んで死ぬ。タルーがリユーに自分の過去を明かす。彼は死刑制度という一種のペストが律する社会を変えようと一時、革命組織に加わっていた。だが、その組織でも死刑は行われていた。以来、彼はいかなる死刑制度にも加担すまいと決意して生きている。ランベールが外部との文通システムを作り出す。リユーもそれを利用し、別れて久しい妻に手紙を書こうとするが、書くのに非常な困難を覚える。そのような手紙にふさわしい言葉使いを忘れてしまったのだ。「抽象」が彼の心を硬化させていた。グランが発病する。彼は病床でも手稿の束に目を通すが、満足は得られない。彼は熱に浮かされ、それを火に投じさせる。そこには、小説の冒頭部と覚しき文が、際限なく修正されながら繰り返し書かれているだけだった。だがその翌日、熱は劇的に下がり、彼は救われる。ちょうどクリスマスのことだ。

　これが転機となる。血清が効果を発揮するようになり、ペストは退潮に向かう。「人々は、ペストは[…]すべての目標を達成し終え、引き上げて行くという印象を抱いた。」(220〜221)だが最後にタルーを連れ去る。同時にリユーは、妻の死を告げる電報を受け取る。

## ペストの後で

　街の封鎖が解かれ、最初の列車が、ランベールの愛する女を乗せて到着する。「できることなら彼は、ペストの流行の初期、一気に街を駆け抜け、愛する女の許へ飛んで行きたいと思っていた自分に戻りたかった。だが、それがもう不可能なのは分かっていた。」(238)彼は、「抽象」を経験した自分の愛を、その生身の対象と突き合わせなければならない。列車が停止し、別離が終わる。互いの顔を見る暇もなく、彼と女は抱き合う。溢れる涙のせいで彼には、それが、あれほど夢見た顔なのか、それとも見知らぬ顔なのか確かめることができない。「いずれ彼は、その疑惑が正しいかどうか知ることだろう。」(239)彼は、また彼と同じ境遇の人々は、「しばらくのあいだは幸福だろう。」(242)そして語り手は、これ以上はランベールについて語らない。

　ここで語り手が正体を明かす。語り手はリユーだった。彼は、街が開放を祝うその日、この物語を書く決心をする。考えるために、また知るために。彼はよく口にしていた「後から彼らは考えるだろうし、わたしもまた考える。」あるいは、「治すことと知ることを同時にはできない。」遂に、彼にそのときが来たのだ。「誠実」と「抽象」について、その逆説的な共犯関係について「考え」を深め、多くを「知る」べきときが。

　最後にリユーは警告する。ペスト菌が死に絶えることはない。ペストが「あのネズミたちを目覚めさせ、幸福な都市に送り込んで、死なせる日がたぶん来るだろう。」（248）ペストの後にはペストが来る。だが、次なるペストが人間の姿をしていないという保証はない（※6）。それは、ペストとの闘いに参加したものの何も学ばず、無知でナイーヴなままの「ヒーロー」たちのなかから出現し、市民たちを一個の観念としてしか扱わないシステムを打ち立てるかも知れない。そして、今回のペストで、「抽象」に乗っ取られた日常に一度、順応した人々は、抵抗なくそれを受け入れるかも知れない。もし彼らがリユーに倣い、クライシスの後で取り戻した日常を、「考え」かつ「知る」ための時間としなければ。

※6　カミュは、『ペスト』の翌年、一九四八年に出版した戯曲『戒厳令』に、ラ・ペストと名乗る独裁者を登場させている。

# ニューノーマルの濁流に呑みこまれる前に為すべきこと

松嶋　健
まつしま・たけし

広島大学大学院人間社会科学研究科准教授。専門は文化人類学、医療人類学。著書に『プシコ ナウティカ─イタリア精神医療の人類学』(世界思想社)、共編著に『トラウマを生きる』『トラウマを共有する』（京都大学学術出版会)、共著に『文化人類学の思考法』（世界思想社)、『能力 2040─AI 時代に人間する』（太田出版)、『「片隅の世界」からつむがれる教育と研究』（学文社)、『世界の手触り─フィールド哲学入門』（ナカニシヤ出版）など。

## コタールの問い

カミュの『ペスト』には一人の印象的な人物が登場する。自室で首を吊ろうとしたが隣人に救われ一命を取りとめたコタールである。彼は普段いつも「絶望に駆られた」人であったが、ペストが猛威をふるうようになると次第に機嫌がよくなり、また人付き合いもよくなっていく。しかし逆にペストが収束する気配を見せてくると、再び意気消沈してしまうのだ。長らく閉鎖されていたオラン市の門が開かれる少し前に、ホテル暮らしをするジャン・タルーとのあいだで交わされた会話の場面は次のように描かれている。

(タルーは─引用者註）近日における開門と、平常の生活への復帰を考えておいたほうがいいと思っていた。

「まあ、そういうことにしときましょう」と、コタールはいった。「かりにそうだとして、しかし、どういうことをいうのです、平常の生活に帰るっていうのは？」

「新しいフィルムが来ることですよ、映画館に」と、タルーは笑いながらいった。

しかし、コタールは笑わなかった。彼は、ペストがこの市《まち》のなかの何ものも変えることなく、すべてが以前どおりに、つまり何事も起らなかったかのように、また始められるものと、考えうるかどうかを知りたがった。タルーの考えるところでは、ペストはこの市を変えるだろうとも、変えないだろうともいえるわけで、もちろん、市民たちの最も強い願望は、さながらなんにも変らなかったかのごとくふるまうことであり、また、あるだろうし、したがって別の意味ではなんにも変らないであろうが、しかしまたある意味では、たとい十分な意志をもってしても、何もかも忘れてしまうということはできないし、ペストはその痕跡を、少なくとも人々の心のなかには残すであろう。コタールはきっぱり言明して、自分は心のことなどには興味はないし、心のことなどは自分の関心のいちばん最後に位するものであるくらいだ、といった。彼の関心をひくことは、組織そのものが改変されないかどうか、たとえばすべての部課が昔どおりに運営されるかどうかという問題であった。（※1）

※1　アルベルト・カミュ『ペスト』宮崎嶺雄訳、新潮社、一九六九年、三三二―三三三頁。

いまだ世界中がコロナ危機の真只中にあり、日本でも第二波が収束するのかどうか定かではない現状において、私たちもまたコタールと同じ問いを発することになる。「どういうことをいうのです、平常の生活に帰るっていうのは？」

それは、家ではなく映画館で映画を観ること、ライヴのコンサートに行くこと、もしくはオンラインではなく居酒屋で飲み会をすることだろうか。それとも、学校や工場が再開し、レストランで外食し、休日に旅行をし、授業や会議や仕事がリモートではなく対面になることだろうか。あるいはまた、マスクをせずに外出すること、人との距離や接触を気にすることなく会話したり電車に乗ったりすることなのだろうか。

「日常生活」自体は、いかなる状況でもなくなりはしないが、何が平常の、普通の、ノーマルな生活なのかということについては、危機のさなかでこそあらためて問われるべきであるし、危機だからこそ問うことができるのだとも言える。ノーマルというのは、当り前で普通であるからこそ普段は見えにくい正常性であり規範でもあるからだ。その意味でクライシスはまたとないチャンスでもある。

実際、緊急事態における国家の強権化に対する批判にもかかわらず、現実には日本でもアメリカでもイギリスでもブラジルでも、緊急事態やロックダウンの発動をためらい、また一旦発出された後には今度はいち早く解除しようとしたわけであり、その訳をよく考える必要がある。もちろん「経済を回すため」というのが主要な理由であるには違いないが、そこにはさらに深い動機もあったのではないだろうか。

## 異化された日常生活のフィールドワーク

筆者の大学では四月の第一タームからオンライン授業になったが、ちょうど「医療人類学演習」という授業があったので、シラバスを急遽変更し、新型コロナウイルスをめぐる出来事について現在進行形で考えるという演習にした。人類学者は通常、自分の生活の場とは異なる場所に行き、そこで生活しながらフィールドワークすることで、研究対象となる社会と自分が属する社会の双方を往還し、当り前だと思っていたものを異化しながら思考を深めていく。しかし今回の場合、新型コロナウイルスのせいで私たちの日常生活そのものが異化されてしまったために、遠くのフィールドに行かないでも、自分たちの日常生活の場自体をフィールドにできると考えたからである。

ただ当初、学生のあいだには「コロナが早く終息してほしい」という意見が多くみられた。その気持ちはよくわかるけれども、「早く終息してほしい」と願うことは、「元の生活や世界が当り前で、その当り前の世界に戻りたい」ということであり、実際に生きている現在を一時的な例外と見なすような思考停止にほかならない。そうすると、「当り前」が宙吊りになることではじめて見えてくる様々な問題について考える機会を逸してしまう。だから「早く終息してほしい」は一旦棚上げして、自分の内面、身の回り、そして世界のあちこちで起こりつつあることをひとつながりのものとして観察するようにと言うことにした。

実際、コロナ禍が早く終わってほしいと願うことと、コタールのごとくペスト禍が長く続くようにと願うことは、同じコインの表裏であり、どちらも感染症をめぐる現象をあたかも自分の外側で進行する自然現象であるかのように眺める態度であると言えよう。こうした態度は、状況の評価と行動の判断を「専門家」に任せるという構えにつながっている。

新型コロナウイルスをめぐっては、ウイルスや感染症の専門家をはじめとして数多の「専門家」が様々なメディアを通して発言をしているが、それらを通してあらためて明らかになったのは、専門家は個別の事柄に関しては知識を持っていたとしても、新型コロナウイルスを鎖の輪の一つとしながら膨大なアクターを巻き込むネットワークの全体が引き起こす事象についてはほとんど何もわからないということである。

こうした巨大な不確定性を前にして私たちは、専門家の言動も含め自分自身で見て考えるという責任を負わざるをえなくなる。このような責任について、哲学者のピエル・アルド・ロヴァッティはこう述べている。

私が望む責任の意味は、視点の変更に似たものである。すなわち、自分たちよりもよく知っており、それゆえよりよく見えるはずだと私たちが仮定する者たちの目を借りて見るのではなく、たとえ近視眼的なものであっても、自分自身の目で見るという変更である。私たちを外から見て、常に監督するような上位のまなざしは存在しない。現在の状況においてさえ、人々の行動を規制しうるだけの仮想された絶対の真実は存在しない。自称された絶対の真実から権力という空気を抜いてみれば、穴だらけの装置だということがわかる。（中略）私たちの糧となるべき「小さな真実」というのは、別に知識や専門能力を侮蔑するものではなく、ただ、私たちに対して行使され、私たちの生を統治しようとする権力を制限するのに役立つものなのだ。（※2）

異化され当り前のものではなくなった日常を生きながら観察することは、こうした「小さな真実」を拾い集め、他の人たちと分有することで、これまでの当り前を問い直し、これからどのようなノーマルを望むのかをあらためて考え直すまたとない機会となる。

## 緊急性の論理に抗して

各々の日常から見出された「小さな真実」は、も

※2
Pier Aldo Rovatti, Tendenza alla dietrologia e piccole verità. Antinomie, 2020/03/08（https://antinomie.it/index.php/2020/03/08/tendenza-alla-dietrologia-e-piccole-verita/）

ちろん人によって、場所によって、立場によって、関係性によって多様である。なかでも、何が「不要不急」で、何がそうでないのかについては、人により状況により大きく異なる。にもかかわらず、何が「必要不可欠」で、何を「生活必需」物資とするかを、カテゴリーや業種によって、外から包括的に決めることから混乱が生じる。混乱が生じるだけでなく、緊急性の名のもとに、不要不急なもの、必要性が認められないもの、有用でないとされるものは後回しにされ、最悪の場合には見捨てられることになる。だからこそ、私たちは、各自の「小さな真実」に基づくニーズから、緊急性の論理とは異なる論理を立ち上げていかなくてはならない（※3）。

　それは、緊急性の論理が拠って立つ有用性と効率の論理に抗する論理と関係性の場を普段から耕しておくことにもつながってくる。そのような場の一つが、生活空間における〈近景〉でも〈遠景〉でもない〈中景〉にあたる相互扶助の場であろう。鷲田清一は、私たちが日常生活の多くの側面、とりわけ「いのちの世話」にあたる部分を、国や企業が提供するサービスに、税金や料金を払うかたちでアウトソーシングしてきたことが、〈中景〉の痩せ細りをもたらしたと指摘する（※4）。

　今回のコロナ危機のもと家にとどまることで露わになったのは、まさにこうした〈中景〉の痩せ細りではなかったろうか。もちろん、自宅にいることがポジティヴな経験となる人もいれば、そもそも家のない人もいる。そうした多様性にもかかわらず浮き彫りになったのは、現代の日本の住宅の多くがもともと近代の労働者住宅であって、「長時間過ごす居場所ではなく、一時的に時間を過ごす休息のための生存装置」（※5）だということである。日常生活の多くの部分がアウトソーシングされているため、多くの人にとって家は一時的に過ごす仮の宿で構わない。であるがゆえに、長い時間を過ごすようにはデザインされていないし、アウトソーシングされたサービスのネットワークから切り離されては生活が成り立たないようになっている。そしてこういうかたちの生活を支えているのが、「エッセンシャルワーカー」と呼ばれる人たちなのである。

## 惑星的ゼネストの活用

コロナ危機について、筆者はこれを「惑星的ゼネ

※3
緊急性（emergenza）と切迫性（urgenza）の論理の違い、それぞれが対応している必要性（necessità）とニーズ（bisogni）の違いについては、以下を参照のこと。松嶋健「イタリアにおける医療崩壊と精神保健―コロナ危機が明らかにしたもの」『現代思想』第四八巻第一〇号、青土社、二〇二〇年、一二七―一三〇頁。

※4
鷲田清一『濃霧の中の方向感覚』晶文社、二〇一九年、六九―七一頁。

※5
能作文徳「都市に再接続するための気晴らしの居場所」『現代思想』第四八巻第一〇号、青土社、二〇二〇年、一九七頁。

スト」と表現したことがある（※6）。ある人類学者がインフルエンザのパンデミックとゼネストを結びつけて考察した（※7）のを敷衍したのである。もちろん、今回のコロナ危機で様々な活動が停止したのは、意図的になされるストライキとは違うが、にもかかわらず効果の点からすると似たところがある。

ほんの数ヶ月前まで、資本主義的生産活動がこれほど劇的に停止し、地球環境に改善が見られるようになるなどということは、多くの人にとって到底実現可能には思えなかったはずである。だがそれはコロナ危機のさなか、一時的にではあれ実現可能なものとして顕現した。問題は、新型コロナウイルスによっていわば他律的に垣間見られた潜勢力を、いかに自律的な「惑星的ゼネスト」の効果として活用しうるかという点にある。

「もしすべてが停止したのなら、すべてを見直し、撓め、選び、整理し、中断することを、本気で、もしくは逆に加速されたかたちで行うことができる。今こそ、年に一度の棚卸しの時なのだ。『できるだけ迅速に生産を再開させよう』という良識からくる要請に対して、『絶対にダメだ！』という叫びで答えなくてはならない。以前に行なっていたことをそのままやり直すことこそ、最もしてはならないことだろう」（※8）。

ＧｏＴｏトラベル事業に典型的に見られるように、以前の行動様式に回帰しようとする動きは前のめりに進んでいる。そこには、緊急事態を長引かせることで、真にエッセンシャルではないことに多くの人が気づき、それらへの関心を減退させてしまう事態に対する怖れがあるように見える。だからこそ私たちは、ノーマルへの拙速な回帰に対して、コタールとともにＮｏと言わねばならない。

だが、手をこまねいているのでなければ、具体的に何をすればいいのだろうか。何もしないことで実行されるゼネストはいつまでも続けることはできないし、実際にも今回のコロナ危機は部分的なストライキにしかなっていない。なぜなら、従来のシステムを支えているエッセンシャルワーカーが参加していないからである。もちろんそこに、働き続けなければ生きていけないような境遇があるのも確かである。その上で考えなければならないのは、エッセンシャルワーカーに拍手を送り、その待遇改善を要求するだけでなく、エッセンシャルワーカーがどうし

※6
松嶋、前掲論文、一三二頁。

※7
フレデリック・ケック『流感世界―パンデミックは神話か？』小林徹訳、水声社、二〇一七年、二五九頁。

※8
Bruno Latour, Immaginare gesti-barriera contro il ritorno alla produzione pre-crisi. trad. D. Guido et al., Antinomie, 2020/04/09 (https://antinomie.it/index.php/2020/04/09/immaginare-gesti-barriera-contro-il-ritorno-alla-produzione-pre-crisi/)

て現行のシステムにとってエッセンシャルなのか、彼ら彼女らが支えているシステムとはいかなるものなのかということであろう。そして、現行のシステムにとってのエッセンシャルではなく、私たち自身にとってのエッセンシャルを各人が問い直すことである。

## 反対目録を作成する

その際、具体的に何から始めたらよいのかについてヒントを与えてくれるのが、ブルーノ・ラトゥールである。オランダで人工照明を使って温室栽培されたチューリップが貨物機で輸送されるという事例について、「それにしても、このような花をこうしたやり方で生産し販売し続けることは、本当に意味のあることなのだろうか?」と問いかけながらラトゥールはこう語る。

こうした問いを自分自身に投げかけることで、私たちはそれぞれ、ウイルスに対してだけでなく、再開を望まない生産様式の各要素に対して、**バリアとなる身ぶり**を想像し始めるわけである。

これは最早、ある生産システムを再開するとかそれに影響を与えるといった問題ではなく、世界との関係における唯一の原理としての生産を放棄するかどうかに関わっている。(中略)経済による利益の単なる**再分配**に限定された百年来の社会主義の後、**生産そのもの**に挑む社会主義を発明する時ではないか。不正義は、進歩の果実の再分配だけに限ってあるのではなく、地球から**利益を生み出す**やり方そのものにあるのだ。これは脱成長や最低限の生活をすればよいということではなく、誤って不可逆的だとされているこの名高いシステムの各断片を選び直し、必要不可欠だとされている連結のそれぞれを問い直し、望ましいものと望ましくなくなったものとを一つずつ試すのを学ぶことである。

ここから、引きこもることを余儀なくされた時間を使って、まずは一人で、それからグループで、以下のことを**記述する**ことが決定的に重要となる。私たちが何と結ばれており、何からは解き放たれる準備ができているのか、再構築しようとする回路は何で、自分自身の行動によって中断しようと決意している回路は何か。グローバリゼーシヨンを推進する者たちは、再開後に再生してほしいと思うものについて、とても明確な考えを持っているようである。石油産業と巨大クルーズ船を**皮切りに、**同じものをいっそう悪いかたちで。それに対して私たちも、反対目録を作って立ち向かうのだ。（※9）

そして以下が、ラトゥールの言う反対目録作成のための手引きである。

これは、皆さんが、現在の危機によって奪われ、自分の生存の基盤にとってエッセンシャルな条件が侵害されていると感じる活動のリストを作るためのものです。それぞれの活動について、以前と同じように再開される方が好ましいのか、あるいは以前よりよいかたちでの再開を望むのか、それとも全く再開されない方がよいのかを明らかにしてください。以下の質問にお答えください。

質問一：現在中断されている活動のなかで、もう再開してほしくないものは何ですか？

質問二：以下について記述してください。

（a）どうしてそれらの活動は、害のある／不必要な／危険な／一貫性がない　ものと感じられるのですか？

（b）そうした活動が、なくなる／中断されたままになる／他のものにとって代わられる　ことで、他のより望ましい活動を行うのが、どれくらい、よりやりやすくなる／より一貫性をもつことになる　のでしょうか？

（質問一の回答それぞれについて段落を分けて書いてください）。

質問三：廃止されることになる活動を続けられなくなるすべての、労働者／会社員／業者／企業家が、他の活動にシフトしやすくするために、どういった方策が見込まれますか？

質問四：現在中断されている活動のなかで、発展／再開　してほしいと思う活動は何ですか、もしくは代わって発明されるべき活動は何ですか？

質問五：以下について記述してください。

※9　Ibid.（太字箇所は原文イタリック）

（ａ）どうしてその活動がポジティヴに思われるのですか？

（ｂ）その活動は、あなたが望ましいと思う他の活動をどのように、より、簡単にする／調和的にする／一貫性のあるものにする　のでしょうか？

（ｃ）またその活動は、あなたが望ましくないと判断する活動に対して、対抗することを可能にするのでしょうか？

（質問四の回答それぞれについて段落を分けて書いてください）。

質問六：その活動が、再開／発展／誕生　するために、労働者／会社員／業者／企業家　が、能力／やり方／収入／手立て　を獲得する助けになるようなどんな方策を講じられるでしょうか？

（終わったら、皆さんの記述を他の参加者のものと比較するやり方を見つけてください。回答を作成し重ね合わせることで徐々に、矛盾、連帯、違い、反対などの線からなる景色が描き出されることになるでしょう）。（※10）

ラトゥールのテクストのイタリア語版が掲載されたＡＮＴＩＮＯＭＩＥというコレクティヴ・ブログの創設者であるリッカルド・ヴェントゥーリは、自身もこれらの質問に答えるかたちで叙述した上で、それを家族や友人、仕事を通じて知り合った人々に、ラトゥールのテクストと質問表と一緒に送り、さらに受け取った人がまた、それぞれ同じように連鎖させていってほしいとしている（※11）。

ペストが終息した後、狂ったコタールは、群衆に発砲して警官隊に捕まることになる。私たちがコタールの絶望を繰り返さないために為すべきなのは、新型コロナウイルスが人と人とのつながりをたどって感染していくのと全く同じように、それぞれの人にとってエッセンシャルな「小さな真実」を連鎖的に伝染させることを通じて、現行のシステムを作動させている各断片を断ち切ったり、つなぎ直したりすることだろう。ここから再出発することで私たちは、以前とは違った「平常の生活」を、一歩一歩吟味しながら歩み始めることができるのである。

※10　Ibid.

※11　Riccardo Venturi, Protocollo di scrittura di un manifesto potenziale per i giorni a venire.（※8と同じＵＲＬ）

特集

クライシスの後で——戻るべき「日常」とは?

# 災害のあと、学校で

## ——教職員の体験から

**西岡　広美**
にしおか・ひろみ
１９６２年生まれ、兵庫県・小学校教員

**千野　薫**
せんの・かおる
１９８９年生まれ、岩手県・小学校教員

**編集部**　西岡さんは阪神・淡路大震災、千野さんは東日本大震災を経験されています。それぞれ時系列でお聞きしていきたいのですが、まず、その時どこで何をされていましたか?

**西岡**　私は神戸市の、被害の大きかったところと山を隔てた場所に住んでいて、近くの別の市の小学校で教員をしていました。早朝に大きな地震があったから、とりあえず自分の東北の実家へ「無事だよ」って家の固定電話からかけたんです。その時は電話がつながったんですけど、それっきり一週間つながらなかったですね。停電にもなったので、電子レンジが使えない、テレビも見られない。でも家の被害はコップが落ちた程度だったので、そのまま信号がつかない道路を車で走って学校へ行きました。

ところが学校に着いたら、子どもたち全員は来ていない。こんな時に登校させられません、って言ってる地区もあるらしい。来てる子たちも、「マンションの廊下の天井が落ちた」とか「裏の家の瓦が落ちた」とか話している。これはどういうことだろう、って思って。大きな地震があって被害が出ている、っていうことが、うまく理解できなかったんです。でも停電がおさまって、テレビをつけたら、神戸が大変なことになっている。そっからですね、これは災害なんだと理解して、登校していた子どもたちを、地区ごとにまとまって帰宅させました。学校の周囲は、地区によって被害の差が大きかったですね。まったく無事な場所の道路を一つ隔てたところで、全壊したり半壊したりというお家がたくさんのところもある、という状況でした。

**千野**　東日本大震災の当時、私は大学三年生でした。実家は海沿いの町にあったんですが、教員をめざして内陸にある大学に通っていたので、下宿していたんです。

二〇一一年の三月は、春休み中だったので、実家に戻っていました。四月から大学四年生で、教育実習も控えていて、採用試験の勉強をしていました。数学の問題を解いている時に、揺れたんです。実家は海から離れた場所にあったので、周辺は津波の被害はなかったのですが、近くにある母校の小学校はかなり長い間避難所になっていました。

**編集部**　翌日以降は、どうされていたんでしょうか。

**西岡**　「救援物資」って貼り紙をしたトラックがたくさん通るようになりまして、そういうのを見ているなかでみんなで話し合って、給食の物資を神戸に送ったりとか、あとは、避難所のお手伝いにも行きました。阪神・淡路大震災のあった一九九五年は、まだ携帯電話もインターネットもあまり普及はしていなくて、緊急の時しか使えなかったですね。広い範囲の情報をつかむのが難しかったです。

**千野**　私の実家はいわゆる「教員一家」で、父は地元の中学校で教員をしていました。その学校も避難所になったので、翌日からまったく帰ってこなくなりましたね。たまに、本当にたまに家に帰ってくると、それこそ泥のように眠っている、という日々が続きました。

それまでは正直、教員になろうというのも、家族みんなそうだからという漠然とした考えで決めたことだったんですが、このことがあって、むしろ地元で教員になりたいなと思うようになりました。この光景を見た人が地元で教員になって、継いでいった方がいいんじゃないかと思うようになって。教育実習も、普通より遅かったんですが、その年の一一月に、避難所になっていた母校の小学校で受け入れてもらえました。

**編集部**　学校の様子はどうでしたか。

**西岡**　わりと早い段階で、被害の大きかった地域から避難してきた子たちが、学校にやってくるようになりました。はっきり転校とかそういう手続きではなかったんですけど、とにかく、来た人は全部受け入れ、っていうことになっていて、「おいでおいで!」という感じで、どんどんクラスのなかに入れていきました。正式な書類とかもありません。家がつぶれちゃったからとりあえずここの市のアパートに引っ越しました、っていう子とか、親戚がいたのでそこのお家にいます、っていう子とか。

そうやってクラスに入ってきた子たちは、過緊張状態っていうんですか、傷だらけになったランドセル抱えたままそれを離せない子とか、はしゃいじゃって止まらない子とか…。どういうふうに対応していけばいいんやろ、と、みんなで悩みましたね。今のように、そういう状態になるものだ、っていう認識もあまり広まってはいなかったんで、地震の影響なんだろうということはわかるんですが、じゃあどうしたらいいんだろう、どうしよう、って。正直なところ、テレビでこう言ってた、〇〇さんがこう言ってた、というような、聞きかじったところで対応していたようなところも最初はありました。被害の思いは言葉に出した方がいいとか、絵を描かせた方がいいとか、いろんな話があったから、思わず繰り返し聞いてしまって、かえって教員も子どももしんどくなってしまったりしてね。

**千野**　初めて勤めた学校が海沿いにあったので、お家が流されてしまって仮設住宅からスクールバスで通っている子が半分くらいいるところでした。学校の周囲の道路は亀裂が入っていたり、ガードレールが曲がったままだったり、津波の被害のあとがたくさんそのままになっていたんです。たまに、県外から来た人を案内したりすると、その、日常的に子どもたちが歩いているところの状況を見て、うわぁ大変だったたね、って言われたりするんです。けど、津波の被害のあとがある、っていうことが日常だったので…。

学校では支援の物資もたくさんいただいたし、町にはボランティアの方も本当にたくさんいました。テレビカメラが入ることも頻繁にあって、何かしらの行事があるたびに何かしらの取材があって誰かしらがインタビューを受けて、ということを繰り返していくうちに、子どもたちがものすごくきちんと話せるようになるんですよね。普段の様子からすると、インタビューされて大丈夫かなって心配な子も、いざマイクを向けられたらよどみなくしゃべるし、きちんとお礼を言っている。教職員は、これがあたりまえじゃないからねって、感謝の気持ちを言いながら支援の物資を配ったりしていたので、それをそのまま子どもたちも話せるようになったのかなと思いました。

　それが良いことなのか悪いことなのかはわからないですけど、その時は、子どもたちは突然おとなになった、という印象がありました。突然おとなに、ならざるを得なかったんだとも思います。

**編集部**　その後、長いスパンで見た時に、学校にはどういう変化があったでしょうか。

**西岡**　まだボランティアというものが一般的じゃなかった時代だったので、地元の人たちが中心でいろいろやってたんですよね。学校が避難所になることにもあまり準備がなくて、そこで生活するにはいろいろ取り決めなきゃいけないこともあるから、それもその学校の教職員で分担してやったりして…。今思えば、何もかもが手探りだったなと感じます。でもそういういろいろを経て、文部省（当時）とも交渉をして、結果として兵庫には、教育復興担当教員（復興担）が各学校に配置されるようになりました。そこまで被害はなかった私の勤務先でも、気持ち的に不安定になる子たちがいる状況で、その真っただ中にあった学校はどれだけ大変だったかと思います。復興担の教員同士で試行錯誤されながら情報交換をしていて、当時復興担をしていた人は「ありとあらゆることをした」って言ってました。その後、兵庫に震災・学校支援チーム（ＥＡＲＴＨ―防災・減災に関する専門的な知識や実践的な対応力を備えた教職員のチーム―）ができて、それこそ東日本大震災の時にも、避難所になった学校へ支援に行ったりしているんですけれども。

　今回の、新型コロナウイルス感染症の流行で、今までにない、マニュアルにない対応を日々している学校の教職員は、まさに手探りで、すごく悩んでいるところだと思います。お友だちとくっつかないでね、手を洗ってね、感染症を予防しようねって教えていて、かかってしまった子がいた時に、それをやってなかったからだ！ってなってしまってはだめなので、そうもっていかないためにどうしたらいいか、っていうことを、今すごく考えています。

**千野**　高学年の女の子が友だち同士でおしゃべりしている時に、一人の子が自分のランドセルに貼ってあるシールを見ながら「これ二年生の時に貼ったシールがそのままになってる」みたいなことを言ったんです。そうしたら、それを聞いた子が何気なく、「私はランドセルもらったやつだからなぁ」って言ったんですね。その子のランドセルは流されてしまって、今使っているのは支援でもらったものだったんです。本当に二人とも何気ない会話だったんですが、二年生の時に貼ったシールがそのままだ、と、言ってしまった子の方がものすごく落ち込んで、友だちのことを考えられなかったとダメージを受けてしまって、保健室で一時間話を聞くっていうことがあったりしました。その頃は状況がある程度落ち着いていて、いろんなことがあたりまえに過ぎていくな、と思い始めていた時期だったんですが、ふとした瞬間に出てくるものはあるんだなと思いましたね。

　校舎が流されてしまった学校は、どこかの学校に間借りする形で再開することが多かったんです。間借りして数年たって、元の場所の近くに盛り土をしてから、プレハブの仮設校舎が建てられることがありました。震災当時小学校低学年だった子たちは、仮設校舎に移動できるようになった頃には高学年になっているんです。なにもなかったところに校舎ができて、そこへ、支援としてジャングルジムやブランコ、すべり台などの遊具が設置された時、六年生の子たちがその遊具を占領してしまうっていうことがありました。自分たちだけでずっと遊んでしまって、低学年の子たちに渡さないんですよ。

　考えてみたら、その時の六年生は、低学年の時にずっと間借りした校舎のなかで、お世話になっているんだよ、って言われながら過ごしてきた子たちなんですよね。それで、六年生になって初めてジャングルジムがやってきた。低学年の時にブランコの取り合いなんかをやって、自然とおぼえていくようなことを経験しないままだったんです。

　そんなふうに、後からみえてくるものはあるんだろうなと思います。今、気兼ねなくあちこちに行ったり、思いっきり声を出したりすることが難しい状況で、いろいろ我慢したり、抱えているものは子どもたちそれぞれにあるんだろうと思うので。

**編集部**　時間がたっていけばいくほど、震災を意識的に「語り継ぐ」ことが重要になってきますが、それについてはどうでしょうか。

**西岡**　兵庫では毎年一月一七日に、いろいろなところで集会をやっています。私がずっと行き続けている会には、二五年たった今も、遺族の方が四〇人近くいらっしゃいます。そこに来られた時はやっぱり、当時に戻る感覚があるとおっしゃっている方もいました。ついさっきのことのように思い出す、とか。「自分でも、二五年もたっているのに、って思うけど、でも気持ち的にはあの時から一日もすすんでいないっていうところもある」とか。経験っていうのは、なかなか消えないものなのかなという思いはあります。

今、関西では防災というと、南海トラフ地震の対策が主になっていて、それはやらなきゃいけないことなんですけど、阪神・淡路のことはきちんと伝えていかないとあかんのと違うかなとは思ってますす。二五年経つと、その時に生まれていなかった人も教員になってるんですよ。自分たちが震災のことを知らないのに、どんなふうに子どもたちに伝えていったらいいんだろうって悩んでる人たちもいますし、力になりたいなと思っています。

千野　海沿いの学校では、毎月一一日に、何かしら震災に関係することをやっていたんです。緊張状態を解くための体操とか、防災を学ぶ時間とか。その日はまだみつかっていない行方不明の方を探すためとか、月命日のお参りとかで、学校に登校しない子もいたんですよね。それが日常のことだったんです。

メンタルヘルスチェックのアンケートもずっと学校で行っていました。そこに、「あの時のことを思い出してこわくなる」っていう項目があって、これは、あえて「震災」って書かないでチェックさせるようになってるんですよ。それは県全体で行われているものだったので、海沿いの学校を何校か経験した後で異動した内陸の学校でも、同じアンケートが配られていました。でも、その時担任したのは低学年のクラスだったんで、震災の時にはまだ生まれていない子たちだったんです。そうすると、「あの時？」「あの時のことって？」ってなるんですね。

その子たちと出会って、あぁ、「あの時」は、ここでは通じないんだ、って初めて思いました。実家の町でも、それまで経験してきた海沿いの学校でも、たとえその時に物心ついてなかったような小さい子でもみんな「あの時」で通じていたんです。実際に震災を経験していなくても、お家の人からとか、周りの人からとか、なんというか、町全体、地域全体を通して「知る」ことができたんだなと思いました。「あの時」が通じなかった時に、もう過去のものになったのかなと思ったりもしましたが、地元ではまだ、「あの時」の続きのままで生活をしています。

海沿いの学校にいた時、その場所で震災を経験してきた先輩の教職員はみんな、その時その場にいた責任がある、って言っていました。その時その場にいたからには伝えていかなきゃいけない、そういう立場になったんだ、そういう立場になってしまったんだ、って言って、忙しいなかでもすごく協力的に取材を受けたりしていました。

**編集部**　二〇二〇年の今現在、震災前の生活に戻った、という実感はありますか？

**西岡**　当時、私が住んでいた家の周囲にも、仮設住宅がたくさん建ったんです。わーっとたくさん建てられて、それが一年、二年ではなくならず、数年してから何にもなくなった時に、一段落ついたのかな、とは思いました。そこから復興住宅（災害復興公営住宅）に移った人もいたんですけど、そこで孤独死してしまったという話とかもあって、数年前にも、期限があるからそこを立ち退けっていう話もあって…。そういう話を聞いたりすると、あ、まだ終わってないんだな、って思います。

　行政的には、大きい通りをバーン！とつくって、その周囲だけはとにかく綺麗にするじゃないですか。でもそのすぐ裏側の道には、その当時の姿が残った建物とか、空き地のまんまのところもありますしね。避難して町を離れていて、久しぶりにそこに戻った時に、綺麗な大きい通りはあるけど当時の面影がなにもなかったとしたら、はたしてそれは戻ったと言えるのかな…、実際の思いは人それぞれにあるんでしょうけれどね…。戻ったと思えるとすれば、いつのまにか、という感じではないでしょうか。いつのまにか日常と呼べる生活になっていたけれど、でもなんか、いつもこう、どっかにはありますね。気持ちというか、体のなかに。あの時のことが、どっかには、ある。

**千野**　地元ではまだ、今後どうしていったらいいのか、っていう段階だと思います。それは個人差もすごくあるんですけど…。震災の後でたくさんの支援が入って、それをきっかけに町を活気づけよう、っていう人もいれば、もっと地道に、前にやってたことをそのままやれるような生活に戻すようにしてくれ、っていう人もいる。復興と銘打って大きなイベントをしたり、企業を誘致したりっていうこともあるんですけど、それも賛否はありますよね。町を二分する、とまではいかなくても、お家の人が、あれは賛成だ反対だって言ってるのを聞いて、それをそのまま子どもたちが教室で話していたりもします。「こういうイベントをやろう！」「企業を誘致しよう！」っていうような流れの人たちと、「いやそれよりもさ…」っていう気持ちの人たちと、それは今までもこれからもずっとあるんだろうなって思います。

　今、学校でも、コロナが心配だから学校行かせませんっていう人もいれば、なんで修学旅行中止なのいつも通り連れてってあげてよ、っていう人もいる。これもご家庭で考え方はそれぞれなので、統一はできないと思うんですが、逆に学校としては、一学期、再開した後はすごく落ち着いて授業ができた、っていう話も聞きました。大きな行事はほとんどないし、分散登校で学校内に人が少ないしで、とても落ち着いていた、と。行事にしても、運動会を午前中だけにしてみたら、それは保護者にすごく好評だったとかですね。今までは、競技が減ると子どもの活躍の場が減るから保護者にとってもよくないんじゃないか、って、時間を長くとってやっていたのに、実際やってみたら反応が違った、というような面もあったりして。どっちが良くてどっちがダメということではなくて、新しい形を模索していく方が受け入れられやすいのかな、と今は思っています。

# 「日常」を取り戻した人々

池田　賢市

いけだ・けんいち

教育総研前所長、中央大学教授。大学では教育制度・行政学、公民科教育法などを担当。専門はフランスにおける移民の子どもへの教育政策分析。著書に『フランスの移民と学校教育』（明石書店）、共著に『「特別の教科 道徳」ってなんだ？』（現代書館）、『能力 2040 ― AI 時代に人間する』（太田出版）等。

## はじめに

これから書きたいことは、「コロナ対策」と称するさまざまな「自粛」から解放されて、コロナ以前の生活に戻りつつある（戻ることを待ち望んでいる）人々のことではない。ここでいう「日常を取り戻した人」というのは、「コロナ対策」としてさまざまに求められる生活スタイルの変更内容こそが、それまでの自分の日常だった人のことである。いわば、「コロナ」によって、堂々と、ようやく自分の「日常」を安心して送れるようになった人々のことである。そして、私もその中の一人である。ただ、感染症という大きなリスクとともに過ごさねばならない「日常」は、もはや日常とは言えないのだが。そして、その「日常」には気味の悪いものも浸透していく危険があると感じている。

## 私の「当たり前」

基本的に出不精、家にいるのが一番好き、まぁ、せいぜい家の周り半径三〇〇メートルも歩けば気が済む程度の散歩。バスや電車に乗った時には、だれが触ったかわからないような吊革につかまったことはなく、人と接触したくないので、座っているときに隣に人が来れば立ち上がる。外では、なるべく人が来ないところを選んで歩く、ぶつかりそうになるのが嫌だから。そういえば、中学校の体育の時間でサッカーをしなければならないとき、なるべくボールが来ないところに移動していた。（逆に言えば、とてもいいポジショニングをしていたようで、よくパスを受けていました…）。

自分でトレーにパンを乗せる様式が普及した時には、これで大好きなパンが買えなくなる、と悲しんだ。なぜって、店のドアが開くたびに、並んでいるパンは風で舞ったホコリをかぶってしまう。友達同士で話しながらパンを選んでいる人もいる（つばがパンに飛ぶではないか！）、いったんトレーに乗せたパンを戻す人もいる…、食品を扱っているのに、この衛生状態の悪さは一体何なんだ、と思っていた。以前は、パンはきちんとケースに入っていて、注文すれば店員さんが袋に入れてくれるシステムだったのに。どうしてこの変更を、多くの人は便利になったと認識し、受け入れたのか、まったく理解できなかった。

外食も酒の席も（仲の良いごく少数の人たちとなら別だけれど）あまり好きではない。とくに人数が多く、がやがやと話し声が大きくなってくるとキーンという耳鳴りがひどくなり、耐えられない。よく会議が終わった後の酒の席で物事の実際が決まっていくなどというが、民主主義社会においてそんなことはあってはならない。食事をしながら続きを話すなどという面倒なことをするぐらいなら、この会議を延長すればいいだけでしょ、と思っていた。

もちろん、エレベーターのボタンを指の腹で押したことはなく、甲のところで押すか、洋服の袖を伸ばして直接指が触れないように押す。（これまで私とエレベーターに乗ったことのある皆様、気がついていたでしょうか）。

子どものころ、近所の区立図書館には頻繁に通っていたが、本を借りることはめったにないのは、もう想像していただけるような理由によっている。アルバイトをするようになってからは、少々高価でも気になった本はすべて買うようにしてきた。当然そんなにお金はないので、中学生のころから通っていた神田の古本屋街には大変お世話になった。が、もちろん手はこまめに洗うし、購入したものは家で丁寧に拭いた。端の汚れは紙やすりで削ったりした。

アルコール消毒のポケットティッシュやジェルはつねにカバンに入っている。大学の個人研究室には、（いろいろと効果について議論されていますが）ずっと前から次亜塩素酸水が置いてある。

子どものころから、大きな声で話すことはない。そして、花粉症がひどいので、年間で、普通の人よりマスクを着けている期間はかなり長い。

## 変転する常識

これは「コロナ」以前からではあるが、エコ・バッグが常識になりつつある。ほんとにエコなのかどうかは別にして、個人的にはとっくの昔に使っていた。が、当時は、万引きしたのではないかと疑われ、かなり嫌な思いをした。レシートは絶対にもらい、店を出てしばらくするまでは確実に持っているようになった。

このあいだまでスーパーは、自分たちが渡すビニール袋に商品を入れるようにしていたではないか。しかし、今では、いろんな種類のエコ・バッグが販売されている。そんなにたくさんいらないし、なんで花とかいろんなデザインがプリントされているのか。エコと謳いながら、なぜそんなところにエネルギーを使うのか。エコの実践としては、ビニール袋を何度も繰り返し使うほうがよほどふさわしいと思うのだが、いまではビニール袋を持っているとまるで環境破壊の犯人扱い。このビニール、海には捨てませんから。そもそも泳げないので、海には近づきません。もちろん「そういう問題ではない！」との声は聞こえるのだが、環境問題をそういう個人行動の問題にしているのがいまの世論だと感じる。ちなみに、エコ・バッグは使用したら洗うのが当然です。最近では、スーパーのビニール袋がないので、家のゴミ箱に設置するビニール袋をわざわざ買う人が多くなったとか。せっかく再利用していたのに。むしろ、いままで以上にビニールを買う人が増えてしまったのではないか。

ところで、かつては買い物に行くときには、自分の買い物かごを持っていくのは常識だった。そのうち、スーパーが普及すると、レジのところで茶色の紙袋に商品を入れてくれるようになった。いかに素早くきれいに入れるか、そんなコンテストが開かれたこともあった。いままでは「紙」についても、やはり環境破壊だなどといわれ、パソコンの普及とともにペーパーレスが環境にやさしいということになっている。

あの「3・11」のころ、ある新聞に環境をめぐる議論が載ったことがある。ここで当時を思い出してみたい。

節電がさかんに呼びかけられ、大学はじめさまざまな公共的建物内では蛍光灯がひとつ置きに外されたりした。エアコンの設定温度なども神経質に調整されたりもした。しかし、パソコンを一斉に切りましょう、といった呼びかけはなかった。ある試算によると、パソコンで二回検索するとやかんでお湯が沸かせるくらいの二酸化炭素を排出するとのこと。一人が一日二回しか検索しなかったとしても、相当の数値の電力消費である。実際には、一日二回ということはないだろうから、紙媒体といい勝負なのではないか、といぶかったものである。

その科学的真偽は措くとしても、社会全体として節電を真剣に考えていたわけではないことだけは確かである。考えているふりだけは盛んだったと思う。オール電化の住宅の見直しといった話は聞かなかった。そもそも原発がなければ十分な電力は供給できないといわれていたはずなのに、今日の状況をどう考えればよいのか。

## 自分の時代が来た

エネルギー問題についての授業の導入のようなことになってしまった。ここで話を戻すと、とにかく今年の三月以降、「コロナ対策」と称するいろいろな行動モデルがマスコミなどで言われ始めたとき、いよいよ自分の時代が来たな、と思った。テレビでは、「わたしの当たり前」が語られているのだから。これまで、ずいぶんと妥協してきたところを、むしろきっぱりと、やってはだめだと言われるようになったのだから、ありがたい！ 電車で、人が隣に座ることを多くの人は嫌がるようになった！ 私がそうしていた時には、みんな変な顔をしたくせに、今度は全く反対ではないか。（この原稿を書いている時点では、再び満員電車に戻ってしまったようなのだが）。

パン屋は、相変わらず自分でトレーに乗せるシステムだが、ビニールがパンのところに垂れ下がるようになった。当たり前だ！ これまで平気で放置していたことを反省してほしい。

このコロナ禍での「日常」で、ずっと家にいるので、我が家の猫たちも喜んでいる。もちろん、私も、いや私のほうが喜んでいる?! なにより通勤時間がゼロになったことは、宵っ張りの朝寝坊で、世の中から「一時間目」を消し去りたいと思ってきた私にとっては、この上ない朗報である。

学校教育に関していえば、「コロナ対策」で自分を取り戻せた人は、意外にいる。

いままで人と話すことが苦手で、視線が気になって大勢の中に入っていくことができず、なかなか大学に来られず、単位も取れず、劣等感を感じさせられてきた学生が、授業がオンラインになったことで、それまでの煩わしさや不安要因から解放され、ようやく自分のペースで、生き生きと授業に参加し、充実した気持ちで、積極的に課題に取り組んでいる姿を、大学教員の多くは確認しているはずである。他の学生たちも、通学時間がなくなったので、時間的余裕がもてている。とくに高齢の社会人学生からは、移動が大変だったので助かってます、との声。放送大学が設置されたとき、これでよいなら大学はすべてこの方式にすればいいではないかと感じたことを思い出す。入学試験も必要ないのだから、安心して高校までの勉強ができる。人と会うのも、スクーリングのときにほどほどに。もっとかかわりたければ、自分が会いたい人に会えばよい。

入学式や卒業式、学芸会や運動会、遠足など、ふだんとは違うことが行われることを嫌っていた私にとって、「3密」を避けるべしとしてそれらが中止になっていくことは、なんともありがたいことだと、いま私が子どもならそう思ったに違いない。（そもそも四五人学級だったのだから、通常の教室内でどんな「3密」回避策がありえたのか、想像が難しい…）。

しかし、いくら「自分の時代が来た」とはいっても、外出の「自粛」が政府から要請されることには違和感をもつ。「自粛」とは「自らすすんで行う」というところがポイントで、それを権利行使しうる側が「要請する」のは変だと思うからだ。しかし、もっと違和感をもつのは、それにあっさりと従い、（おそらく政府からの指示を徹底させようとする意識が明確にあるわけではなく、むしろ自然発生的に）「自粛警察」と言われるような自警団まがいのものまで登場してしまう社会情勢だ。「マスク」についても同様で、それをしていない人に対しては、その事情も考えず、非難が集中する。東京での感染者数が急増しているいま、帰省中の人がいる家に「東京人は帰れ」などという張り紙がなされたとのニュースを聞いた。みんなが感染のリスクを負っているにもかかわらず、被害者を（自業自得として）攻撃する。

こんな情勢の中で、あまりに的が外れすぎていて、もはや笑いしか出ない例として、学校では、「マスクの色は白でなければならない」という新たな「校則？」がつくられたり、いわゆる「アベノマスク」を着けるよう指導があったなどとも聞く。学校って、ホントに子どもの命は二の次なんだなぁとあらためて感じた瞬間である。

## 「日常」の排除機能

ところが、このような「私の日常」が人々にストレスを与えている、とのことらしい。早く「元の日常」に戻りたい、と多くの人が思っているらしい。もしそうならば、言いたいことがある。コロナ以前の「日常」とやらが、どれほど多くの人のストレスの上に成り立っていたか、ということを。そのような「日常」が、どれほど多くの人を排除したうえでしか成り立たないものであったか、ということを。みんなが戻りたいという「日常」の中には、外にあまり出たくない人、吊革につかまることをためらう人、学校行事が苦手な子どもなどは含まれていなかったですよね、と言いたい。その一方で、このごろの教育政策は、いつも「多様性」が大事だと言っているのだが…。

要するに、自分がいままでやってきたような生活スタイルのことを「日常」と呼んで、それがまるで当たり前で、人として正しい生活のあり方だと信じて疑わず、それを反省的にとらえなおすなどということには一切関心がない人々が、早くコロナ以前の「日常」に戻りたいと言っているのだ、ということになるのだろう。

オンラインによって生き生きと学びはじめ、活発に発言し始めた学生の存在を知ってしまった以上、コロナ以前の大学の授業のあり方こそが正しいもので、早くその状況を回復させたいと単純に思っている大学の教員は、もういないはずである。これまでの講義のあり方は、あれでよかったのだろうか、結果として一定の学生を排除していたのではないか、もっと工夫の余地があったのではないか、少なくともそういう反省をしているはずである。

これまで多くの人が「日常」、つまり「常識」だとしてきた生活のあり方に違和感をもちつつも、それに抗うことができず、妥協し、あるいは適当に調子を合わせながら、自分の意思を押し殺して生活してきた人々の「日常」は、いつになったら実現するのか。「コロナ」が騒がれているうちだけ、なんとなく実現しているかに見える程度では困るのである。

おそらく、この国で今まで起こってきたことから推察すると、きっと「コロナ」のことも、一年後には忘れられているかもしれない。一年前は「令和」でずいぶんと騒いでいたのに、その熱はもうないし、オリンピックが延期されたことも、どれだけの人が覚えているか不安になるくらい話題に上らない。七月いっぱい激しい雨が降り続き、八月に入ったとたんに猛暑となって、もし、コロナがなくオリンピックが実施されていたら、いったいどんな大会になっていたのか、中止になる競技がどれくらい出ただろうか、どれだけの人が熱中症になっただろうか。このようなことがかなり気になっているのだが、あまりこの話題に乗ってくれる人はいない。

## 偶然性と総覧性

さて、（ほんとはもっとあるのですが）ずいぶん長々と恨み節を語ってきたが（まぁ、少々大げさに書いたところはありますが…）、もちろん、ここで、どちらの「日常」を優先すべきかなどという議論をしたいわけではない。「日常」を考えているうちにあらためて確認できたことを整理してみたかっただけである。しかし、そこからある「懸念」が湧き上がってきた。そのことを後半に書いてみたい。（まだ前半だったのか、と思われた方は多いだろうと思いますが…）。

それは、オンラインでの教育実践で見えてきた「欠点」にかかわっている。ただし、これは、いわゆる情報化社会についての批判的検討において、かねてから言われてきていたものである。少なくとも、私は、インターネット検索が普及し始めたときからずっと、しつこく、機会あるごとに言ってきた。「そんなにパソコンが嫌いなんですか」とか「パソコンが苦手なだけでしょ」と言われたこともあったのだが…。

どういうことかというと、結論を言えば、「偶然性」と「総覧性」がオンライン（パソコン）には不足しているということなのである。そして、この二つこそが、教育活動ばかりではなく、人間の生活にとってきわめて重要なのではないか、と思うのである。

この「不足」は、「コロナ」によって取り戻せた「日常」のなかに組み込まれている危険があるので、なおさら、前半の「恨み節」への注釈として書いておかなくてはならない。

## 偶然の出会いのためには

「偶然性」とは、自分がそれまで何の関心ももっていなかったことと出会うことである。わかりやすく言えば、新聞を広げて読んでいる状態かなと思う。たとえば、ネットニュースでは阪神が負けたことになっているのだが、スマホの調子が悪いのかもしれないし、もしかすると東京新聞では勝っているかもしれないなどと思いつつ、翌朝、スポーツ面を開く。その途中にはいろいろな記事が載っていて、自然と目に入ってきてしまう。ふとある記事に目をやると、意外に興味のわく記事だったりして、阪神の勝敗の確認前に寄り道をしたりする。新聞には、自分の関心のあること以外のことがたくさん載っている。いやでも、それらと出会うしかない。

卒論指導で学生には図書館に行くことを強くすすめている。それは必要な本を借りに行くためではなく、自分のテーマに関係がある（ありそうな）書架からスタートして、ただ、ずっと本の背表紙を眺めていくという作業をするためである。すべての書架を回る。「総覧」するという行為は、意外な出会いを与えてくれる。（いまコロナ対策で自由に図書館に入れないのはかなりの痛手）。

パソコンでの検索は、キーワードを入れないと始まらない。キーワードがわかっているということは、そのことについてある程度知っているということになる。パソコンでは、知っていることしか調べられない。全く知らないものや、一見すると関係のないものとの出会いはかなり難しい。なぜなら、何に関心がないのか、ふつう自分ではわからないからだ。「ゴルフには関心がない」と言うとき、私はゴルフがどういうものかを知っている。だから「関心がない」と言えるのである。本当に存在すら知らないものに対しては、関心がないという関心さえもちえない。

パソコンがない時代だって「検索」しようとする限り、何らかのキーワードをもって図書館に入っていったのではないか。その通りなのだが、しかし、図書館にあったカードケース（引き出し）を思い出してほしい（思い出せる人は限られているかもしれないけれど）。それは、かなりのスペースを割いて設置されていた。著者別、書名別、テーマ別にカードがぎっしりと詰まっており、それを一枚一枚指の腹や爪で繰りながら探していた。当てずっぽうに、適当に引き出しを引っ張って、パラパラと繰ってみる楽しさは忘れられない。

私自身がパソコンを使いこなしていないので、適当に引き出しを引っ張るように情報にアクセスすることが果たして可能なのかどうかはわからない。検索画面には、むしろこれまでの検索履歴から推測して私が関心をもちそうな情報が入ってきている。でも、それは必要がない。なぜなら、関心がある領域なので、人に言われなくても、自分で必要があれば探す。キーワードだって知っている。ネットサーフィンという語は、最近使うのかどうかはわからないが、それによってある程度は偶然の出会いも確保できるだろうとは思う。しかし、どうもイメージが違う。

## 私の総覧節!?

「総覧する」ということに関して言えば、私個人の癖か、習性か、なにか個人的傾向に依存している部分も強い気はしている。

少なくとも高校までの段階では、数学の勉強をしていながらも、そのノートの上に国語の教科書が乗り、その隣には社会科のプリントがあり、といった具合に、いろいろなものが同時に机の上に展開されており、同時に少しずつやっていかないと勉強ができなかった。常にすべてが見えていないと気が済まないのだ。相互に脈絡はなくてよく、とにかくひとつひとつ順番に対応していくことが苦手だった。机の上から見えなくなると、それは存在していないも同然に忘れてしまう。これはとても困った状況なので、かなり意識して、とにかく全部出すことに注意を払っていた。

この傾向は、パソコンでの作業にはとても向いていない。ツリー状にしてファイルを保存していくのがとても苦手。見えなくなると存在を忘れてしまうので、かつ、何らかの関連において全体を把握していたわけではなく、ただ、あるがままの全体をそのまま目の前に展開させないとうまく作業が進まないのだから、あるファイルを作ってタイトルをつけ、そこにいくつもの文書が入っているという状態では、パニックになってしまう。だから、保存した文書が画面にすぐにいっぱいに並ぶことに。当初、どうしてパソコンが便利だといわれるのか、意味がよくわからなかった。（そもそも設定に時間はかかるし、ウイルスが来たり、それを防止したり、何年か使うとサポートがなくなり、いつ壊れるかもわからないのに…)。

高校まではテスト対策として覚えなくてはならないことも多かったが、授業中の黒板や開いた教科書、ノートは写真を撮るように記憶しているので、そこに何が映っていようが、あまり関係がなかった。なんの関連もないものが並んでいても問題はない。中学校のときのノートは、全教科で一冊だったし。理科の後には国語の時間の内容が書かれていたりした。なので、ノート提出と言われるととても困るのだ。中三になって教科ごとのノートを作ったが、面倒だなという印象しかもたなかった。

『教育と文化』〈一〇〇号〉だからといって調子に乗りすぎているのは承知で、あらためて、今日のコロナ禍にあってのオンラインのこと、偶然性・総覧性のことを、あと少しだけ考えてみたい。

## オンラインでの違和感

オンラインではＺｏｏｍやＷｅｂｅｘといったシステムで会議や授業が行われている。(もっといろいろなシステムがあるようなのですが、この二つしか使ったことがないので、そう書いたまでであり、これが代表的なものだと認識しているわけではありません)。

使用してみて最初の違和感は、人間に奥行きがないって気持ち悪い、ということ。みんな薄い画面に均等に張り付いていて、空間的な位置関係がないので、リアリティが感じられない。だからなのか、会議で重要なことが話されているようなのだけれど、真実味が伝わってこない。テレビやラジオに対しているようで、自分が関与しているのだとは、なかなか感じられない。たぶん、学生もこんな感じなのだろうか。現実の教室での授業においても、学生はテレビ番組を見ているような感覚なので、別のことをしていたり、途中で席を立つことなどはまったく普通のことになっている、などといった言説を聞いたことがあるが、コロナ禍にあっては、テレビのような感覚どころか、ほぼテレビになっている。なお、プライバシーの問題もあり、自分の顔は映さないよう画像をオフ(マイクも発言するとき以外はオフ)にするのが基本なので、いま、本当に学生がそこにいるのかがわからない。オンライン授業を終わるとき、「それでは皆さん退出してください」というセリフが定番なのだが、予定の時間より若干早い場合など、いつまでたっても退出せず、ずっと画面に名前が残っている学生がいる。「あぁ、いまパソコンのところにいないんだなぁ」と思う。

対話の質も変化しそうな気がする。対面式で授業が実施できなくとも、Ｚｏｏｍ等で対話ができるので問題ないとの認識もある。しかし、お互いに「直接」話しているわけではない。両者の間にはパソコン等の機器が堂々と介在している。かなり昔（もう半世紀も前?!）、電話が急速に普及し、みんなが電話での会話をふつうのことと認識し始めたとき、電話で「直接話をした」と表現するようになった。直接？「生の」声を聞いたわけでもないのに。それはあくまで電話で話したのであって直接話したわけではないですよね、っていう疑問さえ、いまでは成り立たなくなってしまった。このことをあらためて思い出している。

何かが介在しているということだけで言えば、「直接」会って話す場合でも、空気の介在があってこそなのだが、そのことと受話器やパソコン等の画面を介したかかわりとは、同じ感覚ではいられない。きっとしばらくすれば、数年後か数十年後かはわからないけれど、オンラインでの対話に違和感をもつ者は急速に減っていくのかもしれない。

## 開かれた閉鎖性

問題にしたい「偶然性」に関していえば、オンラインの世界では、それはかなり排除されている。パソコンの中では、誰かが外を通りかかるということがない。会議や授業を設定したときのリンク情報を知らなければ入ってこれない。これまで以上にメンバーシップが問われることになるなぁと思う。

大学で廊下を歩いていて、聞こえてくる講義の声の中にちょっと自分の関心を引くものがあると、「どれどれ」と聞き耳を立て、大教室であれば、こっそり後ろから入って…などということをふつうにしてきた私にとって、いまのオンライン状況はかなりつまらない。

オンラインでの対話、それは、完全に偶然性が排除された世界なのではないかと思う。こちらが決めた特定の相手との間でのコミュニケーション。誰が入ってきてもいいですよ、といったウェブ講演会や研究会もあるが、それはパソコンを持っている人に限られている。もちろん逆に、パソコンさえあれば、そしてその研究会などの情報にあらかじめたどり着ければ、世界中どこにいても（どの地域にいるかで多少の差はあるが）参加できる。このことは、これまでにはないオープンな雰囲気を出すことに効果を発揮している。しかし、それでもなお「閉鎖性」を感じてしまうのはなぜだろう。閉じ込められているような窮屈さを感じる。どこにいてもいいのだから、空間的には、本当は自由なはずなのだが。

## 「オン」しかない世界

大学で会議が終わった後、みんな会議室を出て自分の研究室に帰っていく、その帰り道にいろいろと雑談などをしながら、今日の会議のことも話題となり、そこで理解が深まることもあれば、自分の誤解が正されることもある。しかし、オンラインではこのようなオフの時間が生きてこない。本当に回線が切れてオフになってしまう。「オン」しかない。

しかも、その「オン」の中では、必要なこと以外が排除されてしまう。そのことの結果かどうか、相互作用による発見や気づきに乏しい点が、この閉塞感の原因かもしれない。基本的には顔しか見えていないので、その人の体全体がどのような反応をしているのかがわからない。表情も、その微妙なところが伝わらない。なんといっても、そこには「温度」がない。人の熱がない。ちなみに、会議が長くなるとパソコン自体はボーっと音を立てて熱くなってくるのだが。

声と顔しかない世界。足をどの程度開いて座っているのか、貧乏ゆすりをいつからしているのか、そういう情報が「ない」と感じてしまうくらい、ふだん気がつかないうちに、その人の全体を見ていたのだということに気づく。それはインクルーシブ社会への条件のようにも感じる。オンラインが成り立つために必要な要件は、少なくともいまのところ、一定の人たちの参加を難しくしている。パソコンが伝えられる範囲内で自己を表現できなければ参画することはできない。身体の全体でかかわっていくことはできない。

## ファシズムへの不安

コロナ対策として迫られる生活の変容が、パソコンを介する会話を必然的に拡大させていくのだとすれば、「日常」を取り戻せたなどと楽観視はできなくなってくる。もし、オンラインが気楽だと感じるとすれば、それは、これまでしつこく述べてきた偶然性を排除した予測可能な世界を構築しているからではないか。目的がはっきりしており、その時だけの関係であれば、複雑に思考をめぐらせる必要はなく、終われば本当に「オフ」になってしまう世界。あとは自分の自由になる時間、という世界。

コロナ後の「日常」がこのようなものになるのだとすれば、人々のつながりはぷっつりと切られ、バラバラな個人が、さまざまな機器を通じて流れてくる情報（要請⁉）をそのまま受け止めていくことになるのだろうか。しかし、自分の関心のあることだけでは、いろいろな出来事の検討はできない。考えようとしても、ある目的をもった会合（出会い）しか設定されなければ、雑談が成り立ちにくく、自分の考えている(考えようとしている)ことしか考えられないだろう。

強烈な不安を感じる。ファシズムへの不安である。画面を通した一部分だけしかかわらない状況の中では、教育的関係だけではなく、人間関係自体がつくれない。では、コロナ禍において人と人とが存在全体としてかかわるとは、どういうことなのか、どのようにそれを確保できるのか。あるいは、「オン」の世界だけを前提としながらも、この不安を克服できる道があるのかどうか。

　人が生きるということは、具体的な関係の中でしかありえないのだから、少なくとも、いまの私の感覚では、オンラインを常態とする世界は、人間性が踏みにじられる世界であるような気がしている。

## おわりに
### ――『教育と文化』が訴えてきたこと――

「コロナ」をめぐる生活の変化などについて経験を頼りにいろいろと考えてきた結果としては、「ありきたりのもの」になったかもしれない。おそらく「コロナ」を話題にしなくても、いまの社会状況を考えていけば、きっと同じ結論になったと感じる。つねに人権は侵害され、そのことにまったく気がつかないような訓練が施されているのだから。個人情報がどんどん吸い上げられ、行動が監視され、思考が方向づけられることを「便利だ」と感じるようにさせられているのだから。（このことの具体例は多すぎるので、あえて書かないことにします）。

　『教育と文化』の創刊号が手元にある。一九九五年一〇月一五日発行となっている。そのころわたしは大学の教員になって六年目で、盛岡にいた。一九九八年に千葉県にある大学に移ってから教育総研にかかわり始めた。（二〇〇五年より現在の中央大学に移った）。

　教育総研の副所長の一時期および所長であったときには『教育と文化』の編集人となった。第七八号（二〇一五年二月五日発行）からは大きくデザインを変え、現在の版型となった。その年の夏号（第八〇号、二〇一五年七月三一日発行）の特集は「戦後70年のＮＯ ＷＡＲ」。私は、弁護士の伊藤真さんと「子どもたちにどう伝える？　戦争と憲法」というテーマで対談をしている。いま戦後七五年がひとつの節目のように語られている。きっといつも「節目」として語られねばならないほど、わたしたちの不安と危機感は解消されていないのだと感じる。五年前どころか、『教育と文化』創刊のころから、具体的な分析対象そのものは多少変化しつつも、この雑誌が主張していることの基本は変わっていない。情況は大きくは変わっていないのである。だから、「コロナ」を考えていても、そこに見出される構造的課題はいつもと同じになる。

　ただ、これまで以上に、今回の「コロ

ナ」は、かなりわかりやすくその課題を浮き彫りにしていると思う。政府が一人ひとりの命を本気で守る気がないのはすでに承知のこととしても、学校ばかりではなく社会全体としても、自らの命も含め、人が死ぬことに対して、そして人としての尊厳が踏みにじられることに対して無頓着であることが明らかになったのではないか。(これもまた具体例が多すぎて、むしろ書けません。それぞれに思い浮かべることは違うと思いますが、結論はやはり同じになるのではないかと感じます)。

このことを『教育と文化』はずっと発信してきたのだと思う。いまこそ、これまで積み上げられてきた一〇〇号分の『教育と文化』が読み返されるべきだと強く感じている。

# 『教育と文化』一〇〇号に寄せて

嶺井　正也　みねい・まさや（教育総研元所長・専修大学名誉教授）

『季刊フォーラム　教育と文化』の創刊は一九九五年一〇月であった。一九九二年八月、教育総研の夏季研究集会の折、転んだ弾みで頸椎を損傷し、それ以降、寝たきり状態になられた海老原治善初代所長に代わった日高六郎第二代所長の時である。いや正確にいえば、編集や執筆時期がその時であり、発行日の一〇月は宮坂広作第三代所長になっていた。

当時の編集委員会メンバーを確認すると、原田三朗（研究会議議長）を編集長とし、宮坂広作（研究会議議員）、鎌倉孝夫（副所長）、黒沢維昭（所員）、日高六郎（所長）、嶺井正也（所員）、西澤清（副所長）、松淵昂（事務局長）が編集委員となっている。

巻頭言は日高所長の「創刊にあたって」であり、巻頭言の後の「発刊に寄せて」欄には横山英一日本教職員組合中央執行委員長、奥地圭子東京シューレ代表、栗林世連合総合生活開発研究所所長、佐藤竺財団法人地方自治総合研究所所長、そして最後に海老原治善教育総研顧問がメッセージを寄せている。

横山委員長のメッセージには教育総研が一九九〇年六月に創立されて五周年にあたって本誌が創刊されたと書いてあるが、教育総研が海老原所長、鎌倉・西澤副所長体制として開所し、実際に機能し始めたのは一九九一年八月からである。したがって、実際の活動を起点として考えれば四年を経過してからのことである。

特集の設定、執筆者の選定・依頼など毎回苦労したことが思い出されるが、一番悩ましかったことはなかなか販売部数が伸びないことであった。そもそも教育総研自体が組合員に知られていないことも大きく影響したのかも知れないが、販売部数が伸びないのは頭痛の種だった。

本誌の編集、発行はさまざまな試行錯誤の連続であったことが記憶に残っているが、二つのエピソードを紹介しておきたい。

一つは、日教組の「顔」ともいえた『教育評論』が二〇〇七年一月をもって休刊となるので、それを『教育と文化』で引き継いで欲しい、と当時の副所長から告げられた時に、おおいに戸惑ったことである。『教育評論』には拙稿を書かせてもらったことはあったが、編集に関係したことは一切なかった。したがって、何を、どのように引き継げばいいのかはっきりつかめないままに引き継ぐことになった。編集委員会で議論した結果、第四八号から「教育現場の肉声を聞く」というコーナーを設けたのである。そのことについては第五〇号の巻頭言に、当時教育総研代表になった私が書いている。ただ、この新たなコーナーが『教育評論』を何らかの意味で引き継ぐことになったのかについては自信がない。

二つめは、第六九号をもって私が編集人を降りたことである。編集責任を明確にするということもあり、第八号からは「編集委員会」ではなく単独名の「編集人」方式とし、代々、代表・所長（所長制→代表制→所長制と、私が関わっていた時代にはこう変遷している）が、その任についてきた。

私が編集人であった七〇号編集の段階で、原稿依頼を行い、書いてもらった原稿を不掲載にせざるを得ないという事態が発生した。その理由や経緯についての詳細は省略するが、執筆内容自体に問題があったわけでもなく諸事情による不掲載である。編集人としての責任は免れないと判断し、第七〇号からは池田賢市副所長に編集人をお願いした。

以上が簡単な休刊に寄せるコメントである。教育総研の理論誌としての『教育と文化』が一〇〇号をもって休刊することが何を意味するのかを自問しながら、本稿を閉じることとしたい。

# ポストコロナの社会をどう創るか？

## ―ケアとしての「他人事≒自分事」―

菊地　栄治

きくち・えいじ

早稲田大学教育・総合科学学術院教授。一般財団法人教育文化総合研究所所長。専門は、教育社会学。国立教育（政策）研究所時代から一貫して〈一元的操作モデル〉にもとづく企てを批判的に捉え直し、〈多元的生成モデル〉にもとづく内発的な試みに伴走することにこだわってきた。「他人事≒自分事」という視点から足元のゼミづくりにも取り組んでいる。主著に『希望をつむぐ高校』（岩波書店）、『他人事≒自分事』（東信堂）。

**本稿では、新型コロナウイルスの感染拡大の時期に、「汚染地域」「諸悪の根源」と揶揄された東京の地で感じたこと試みたことを整理しつつ、ポストコロナの社会を教育総研のミッションを含めて整理させていただく。一〇〇号にわたって発行され続けてきた『教育と文化』の最終論考としてふさわしいかどうかわからないが、独り言のような無駄話にしばらくお付き合いいただければ幸いである。**

### だれにも止められなかった暴走社会

異常な七月の豪雨と八月の酷暑…。いま思えば、新型コロナウイルスの感染拡大で東京オリンピックが早々に延期となったことは幸いだったのかもしれない。体力を奪われた人たちや高齢の人たちにとって、商業主義にあおられたオリ・パラの「強い者」コンテストはどう映ることになったのだろうか？　高価なチケットを争い求めた人々を吸収するはずだった新国立競技場は、うだるような暑さの中でぽかんと口を開け続けていた。

各国はＳＤＧｓを政策目標に掲げているというが、二酸化炭素排出量を抑制するための動きはとくに排出量の多い国々ほど絶望的なまでに鈍い。スウェーデンのグレタ・トゥーンベリさんが自主休校し、一人でプラカードを掲げて国会前に座り込み温暖化対策を訴えたのが二年前の夏。国連で勇気ある少女に睨みつけられたトランプ米大統領もどこ吹く風だった。ところが、「環境に対する人間の攻撃的な態度のせいで、今度のような新しい病原体と接触する可能性は高まる一方となっている」（パオロ・ジョルダーノ著、飯田亮介訳『コロナの時代の僕ら』早川書房、二〇二〇年、六四頁）ことは明らかである。皮肉なことに、今次のパンデミックは人々の根源的権利のひとつである「移動の自由」さえも大幅に制限し、経済活動をシャットダウンさせることでいくつかの不都合な真実を暴いた。動きを緩めて不便になった社会で空を見上げて見えてきたのは、ひときわ美しい青空だった。中国やインドなどの国々ではなおさらである。

来る日も来る日も朝早くから満員電車でイライラを募らせるサラリーマン。遠くの「良い学校」に通う小学生も押しつぶされそうになっている。見知らぬおじさんたちと超濃厚接触し、呼吸できなくなるくらい肺が圧迫される。痴漢も暗躍する。朝からテンション下げながら、ものすごい速足で歩くのが都会人の日常である。しかし、いまではソーシャル・ディスタンスを保たねば生命を脅かされると、空いた席に座ることさえ躊躇し合う。これぞ譲り合いの精神…（?）。会議や決済や出退勤、そして営業活動さえもオンラインでなんとかなってしまう現実があらわになった。汚れた大気だけでなく、世の中のあたりまえも見事に吹き飛ばされた。

ほんの半年余り前までは、インバウンドで日本にやってきていた外国人旅行客であふれかえっていた観光都市。東アジアを中心に、かれらの消費行動で経済が回っていたということ、あるいは、多くの外国人の手を借りてかろうじて成り立っていた砂上の楼閣（＝日本経済）の現実が露わになった。「移動し消費すること」を旨とする観光客依存の経済の脆さも浮かび上がってきた。カジノを中心とするリゾート開発に大都市が手を挙げていたことが、いまでは一層空虚に映る。利権に群がる欲深い大人たちの姿も、じつに情けない。

コロナ騒動の中で、各国政権の「指導者」の違いも浮き彫りになった。際立っているのは、強がるマッチョなおじさんの滑稽さである。アメリカ、ブラジル…等々、とくに資本主義社会を支えてきた男性リーダーの愚かな言動が丸出しになった。わが国の場合、「国民の生命財産を守るために安保改定」まで行ったリーダーの影が途端に薄くなったことはご承知の通りである。他方、御贔屓の会社等への細やかな配慮（利益誘導）は怠ってはいないのに、「国民のみなさま」への配慮がゆっくり届けられた小さな布製マスク二枚とは何をかいわんやである。これに対して、ドイツ、台湾、ニュージーランドの女性宰相の対応はきわめて合理的かつ反省的であった。日本のジェンダー・ギャップ指数（政治分野）が一五三か国中一四四位なのもうなずける。

最後に、教育に関して言えば、これまでの優先順位を見直す機会にもなった。いささか先走り感のある出校停止宣言（二〇二〇年二月二七日）に続いて、全国学力・学習状況調査を実施しない旨の通知が出された（同年三月）。「新型コロナウイルス感染症にかかるその後の状況及び学校教育への影響等を考慮し、今年度は全国学力・学習状況調査を実施しないことと」されたのである。一時期、大学九月入学制というどさくさまぎれの議論が垂れ流されたりもしたが、「やれないものはやれない」という決断の背中をコロナ禍に押されたことは興味深い。依然として学力形成自体への執着は見られるが、子どもの生命・生活の質を保障する観点からすると、さまざまな取り組みが色褪せて見えるようになった。しかし、その割には、毎日の学校各所の消毒をも担う教職員の大きな負担への支援と配慮は乏しい。

これらの現象の共通点は、「なんかそうじゃないのかも…」と思いつつも、だれもそれを止められなかった事態を目に見えないちっぽけなウイルスがストップさせたことにある。総じて、人間がいかに弱さを抱えている存在であるか、その視点に立てばもっと社会や教育のあり方は変わるべきではないか、という意味を体験的に知らせてくれたといってよい。しかし、それがほんとうにシステムを変えるところまで反省的に捉えられたかどうか確信は持てない。

## 見直される「ケア」の重要性

意図せざる新型コロナウイルスの拡大は、もっと早くに的確に気づいておくべき大切なことのいくつかを再認識させてくれた。とくに、仕事や働き方に関して二つのポイントが浮かび上がった。そこには、私たちの経済社会が抱えている光と闇の部分が含まれている。

まず、緊急事態宣言が出される前から重症者が急増し、医療崩壊が懸念される事態となった。そんな中で、患者さんの命を救うために、懸命に治療にあたる医療従事者の姿があった。医療や看護は直接感染者と触れることから治療行為を通して二次感染するケースも少なくなかった。通常の医療を確保するためにも、どうしても医療崩壊を避けなければならないというミッションを背負って、医療関係者は懸命に治療にあたり、家族との面会もできない多くの感染者の最期を看取ることとなった。これらの仕事を「エッセンシャル・ワーク」と呼ぶことも通例となった。医療に加えて、介護従事者もまた感染可能性のある高齢者と接することで自らが感染するという不安を抱える。いや、それ以上に、重篤化しやすい高齢者に感染させてしまう危険性を感じながら、日々命をつなぐ仕事に携わっている。さらには、保育・教育の仕事もソーシャル・ディスタンスを維持していては期待された役割を遂行できない分野であることが認識され、とくに、学校においてはさまざまな社会的役割を背負わされているがゆえに、教師の仕事の意義が認識される機会になった。食料品や日用品を供給するためのレジ等の業務や必需品を運搬する販売・配達の仕事もまたエッセンシャル・ワークのひとつとして数えられる（あるいは、さらに言えば、食べることで生きることを支える第一次産業もまた間接的なエッセンシャル・ワークである）。

　上述の仕事の特徴を一言でいえば、生命・生活の質を維持するという基本的なニーズを満たし、かつ、他者との接触を通して感染リスクと背中合わせの仕事であるという点である。言葉を換えれば、何らかの意味で「ケアにかかわる仕事」であるという点である。直接に生命の基本的必要性に応答するという点で、より「切実さ」と向き合っている仕事である。しかし、残念なことに、一部の恵まれた専門職を除いて、こうした仕事に対して社会が支払う報酬はきわめて乏しい。こういった仕事ほど…と言い換えてもよい。つまり、エッセンシャルであるかどうかを最優先するような配分構造になっていないという、資本主義社会の不条理さを露呈させたのである。少し情報を集め、想像力を働かせればわかることであるが、この国では富の再配分の仕方が完全に狂っている。医療関係者を励ますために税金を使ってブルー・インパルスを飛ばして誤魔化すところに、マネー資本主義と消費者主義に支配され健全な再分配メカニズムを欠いた社会のあざとさが透けて見える。

　まったくバランスを欠いているし、正常な社会的意思決定と政策遂行さえもなされていない点は驚くばかりである。危機的状況にあっても、マッチョなおじさんは共感してよりよい政策に向けて具体的に動くよりも、イージスアショアなき後の「安全保障」のための敵基地攻撃論をぶち上げる始末である。いうまでもなく、これは日本だけで起きていることではない。

## ブルシット・ジョブであふれる社会

株価を下げないために多額の財政出動をする一方で、持続化給付金の執行には余計な中間搾取構造をつくり、政府に出入りの企業を儲けさせる仕掛けもあらわになってきた。この間の政府の対応や官僚の動きを見ていると、日本もまたデヴィッド・グレーバーのいう「ブルシット・ジョブ」であふれている社会そのものではないかと思う。

教育総研の研究委員会で、委員をしていただいている酒井隆史さん他の翻訳書（デヴィッド・グレーバー著、酒井隆史・芳賀達彦・森田和樹訳『ブルシット・ジョブ―クソどうでもいい仕事の理論―』岩波書店、二〇二〇年）が刊行されたと聴き、早速アマゾンで注文し（↑この行為自体が残念なこと？）目を通しつつ目からうろこが落ちる思いがした。「ブルシット・ジョブ」とは、副題になっているように「クソどうでもいい仕事」である。前著『官僚制のユートピア』では、新自由主義の改革でありながら文書作成業務など官僚制の仕事がかえって増大していることを暴露してしまったグレーバーは、こんどは金融資本が結局のところさまざまな「ブルシット・ジョブ」―「被雇用者本人でさえ、その存在を正当化しがたいほど、完璧に無意味で、不必要で、有害でもある雇用の形態である。とはいえ、本人は、そうではないと取り繕わなければならないように感じている」仕事（同書、二五頁）を量産しているという現実をあぶり出し、その背景と矛盾を鋭く指摘したのである。

仕事を基盤とする文明をつくり出した私たちの社会は、金融資本を中心とした経済の構造をベースにしつつ、管理部門を膨張させてきた。そこに「まるで何者かが、わたしたちすべてを働かせつづけるためだけに、無意味な仕事を世の中にでっちあげているかのような」事態が起きている。労働規律に表面的にしたがいながら、当の仕事人も薄々無意味さに気づいている。同著の拠り所であるツイッターで届けられた「生の声」に統計的な代表性があるかどうかはともかく、コロナ禍で浮き彫りにされた「エッセンシャル・ワーク」との対比で捉えられていることがまずもって鮮やかなのである。ケアの仕事やリアル・ワークであるほど報酬が不足しがちな現代社会の闇…。しかも、それが垂直管理的な組織構造を通して維持され、かつ、それを維持する規範そのものが打開されない「サディズム」的倒錯を引き起こしているのである。ケア労働とブルシット・ジョブへの支払われる対価の倒錯した状況についてもグレーバーは指摘し、ポストコロナにおいて真摯に向き合うべき最も重要な課題を私たちに示しながら、ポストコロナの世界を見届けることなく二〇二〇年九月二日に急逝してしまった。かれの遺したメッセージの社会的意義は、とてつもなく大きい。

## 足元で考えさせられた教育とケア…

このことは決して他人事ではない。不要不急の仕事とみなされやすい（あながち否定できないが）大学教員という仕事はどうか。新型コロナウイルス感染症の拡大は、大学教員としてどう動くのかという問いを私自身にも投げかけ続けた。教育研究者は、どこか遠くのこととして教育活動を評論することも少なくないが、かくも幅広くまさに足元から明示的かつ切実に問われたのは初めてのことであった。小・中学校などの学校関係者は、文部科学省や教育委員会の方針に従いすぎるところもあるが、逆に、大学教育関係者はとりわけ教育活動の課題を他人事として見過ごしがちである。私自身も例外とは言い切れない。

この間、学生と直接かかわる複数の役割を引き受ける立場に置かれていた。第一に授業担当者として、第二に所属箇所の主任として、第三に新入生のクラス担任として、という三重の職務である。その職務として…、というよりは、目の前の切実な状況に一人の人間としてどう向き合うべきかが問われていたように思う（垂直管理的にではなく…）。

まず、オンライン授業という耳慣れない言葉に、ＩＣＴに明るくない筆者は一瞬ひるんだ。週八コマの担当授業を一か月余りの準備期間で「オンライン授業」にすべて置き換えるという厄介な課題と向き合うことになった。ちょうど『他人事≠自分事』を上梓したばかりだったこともあって、言行一致が問われているのだろうなぁと、それでも他人事のように考えていた（笑）。少し冷静に「どうすればよいか？」と一人で無い知恵を絞った。真っ先に切実な問題として想像したのは、一度もキャンパスに足を踏み入れることもなく、これでもかとネット上に積み上げられたオンデマンド教材と遠慮なく出された課題に疲弊させられていく（であろう）新入生の姿だった。おもしろくもない（？）動画を早送りで観たり観なかったり…。生き地獄だなと思った（失礼！）。どうすればよいか考えた末にたどり着いたのが、担当全コマをすべてリアルタイム配信するという無謀な挑戦だった。オンデマンド動画よりもいわゆる「ギガ難民」を生む確率が低く、かつ、対面授業と遜色ない、あるいはやりようによってはそれ以上に深く学んでもらえるのではないかと考えたからである。自らの実力も省みず、長い日には一日十二時間、パソコンに向かい続けた。いつしかこちらが生き地獄になった（笑）。
　パワポが嫌でしゃべりでごまかしていた教材をもう一度パワポに落とし込んでいく中で、内容を大幅に改める絶好の機会になった。当然ながら、配信ツールはゼロから学ぶことが求められた。最初は、ＬＭＳ（Learning Manegement System）で…とチャレンジしたのであるが、学ぶ側からすると使いづらいことを発見した。が、そのことに気づくまで二週間を要した。結局、Ｚｏｏｍが比較的使いやすいことを発見し（常識？）、ＬＭＳの使い方を含めて、同僚向けに「マニュアルのマニュアル」を何本か作成し（頼まれもしないのに）送り届けてみた。これらの経過を書くと書籍一冊分になり、しかもそれほどの価値があると思えないので省略する。

　箇所主任として勝手に自分に課した課題もある。所属する箇所では、例年新入生ガイダンスを実施している。しかし、入学式ともども吹き飛んでしまった。新入生がちやほやされるサークルの新歓もない。にぎやかさだけが売りの（笑）大学は、不気味な静けさに包まれていた。誤解を恐れずにはしょって言うと「オンライン授業で対応する（から授業料は返さない）」という大学の方針がいち早く出されたのは卓見であったが、オンラインでガイダンスをやってほしい…という発想は大学当局にはまったくなかったようである。アナーキストの筆者は、「ならば、こちらで勝手にやっちゃえ」と思い至り、事務所のご協力もあって担当の全新入生約七〇名のアドレスを入手し、メーリングリストを作成した。その上で、まず例年新入生ガイダンスで配付している資料を送付する一方で、半分ふざけたメールを週一回のペースで送り続けた。そうこうしているうちに、やはり新入生の状況が気になった。早速慣れないグーグル・フォームで「困りごとアンケート」を作成し、ＭＬで流して回答してもらった。「ギガ難民化」よりももっと切実なのは、新たな人間関係がない…ということからくる不安であることが見えてきた。「オンラインクラス会を開いて欲しい」という希望も多く、もうひとりのクラス担任をしていた心優しい教授といっしょに、それぞれ別日程でクラス会を開いた（六月上旬）。「入学後だれも友だちができていません」、「四国の実家からオンライン授業を受け続けています」、「吉牛でバイトしています」…などの言葉を受けながら、教員はチャチャを入れ冷や汗をかきながら場を温めていった…。人間関係づくりのきっかけにと「自作のクイズ」（教員紹介を織り込んだひどい内容）と班に分かれてのおしゃべりを楽しんでもらった。ゼミ生や卒業生がかけつけてくれて、各班での質問に答えてくれたりもした。ありがたいことである。最後に、全体でグループＬＩ

NEをつくるところまでなんとかつないでいった。教員が主になってはいけないので、その後は、月一回ぐらいのごあいさつ程度のメールを投げかけているが、「学生同士で学びを深め合うために秋学期には対面授業を実施してほしい」というお願いを事務所に丁寧に要望するアクティヴィストに育っていることは頼もしい限りである。この要望にどのように応答していくかによって、各教員の「学問観・価値観」が問われてくることはいうまでもない。幸い、レポート作成の時期には励まし合って難局を乗り切り、夏休みには少人数で自主的に集まりをもったとも聞いて安堵している。

　コロナ禍の中で、現実と向き合いながら気づいたのは、まさに相互的なケア、言葉を変えるなら「他人事⇔自分事」から始めることの大切さである。たとえば、ICT能力について断片化された実体能力を身につけているかどうかよりも、他者の「いま（切実さ）」に思いをめぐらし、アウトリーチし「声」を聴き、あえて出来事を仕掛けていくことの方がはるかに大切であると実感した。もちろん、たとえ大半の教員が相変わらず上から目線にとどまっているとしても一概に非難するつもりはない。それよりも、自分に与えられた場でできることに一人からでも最善を尽くすことで、場ははじめて変容することも体感できた。年配の教員がリアルタイム配信授業に目覚め、ときどき質問の電話がかかってくるということも微笑ましい出来事だった（繰り返すが、私はICTの素人である）。学生たちの感想を披露すると、年甲斐もない自慢話に映るのでやめておくが（笑）、たしかな手ごたえと「動いてよかった」という安堵感をかれらからプレゼントされた。むしろ学生の健気さに頭が下がる思いである。オンライン授業に際しての細かな修正ポイントを受講生からいただいたこともありがたいことであるが、コロナ禍の難題と向き合う中で、じつは私自身も見過ごしがちなさまざまな「日常」を見直すきっかけもいただけたように思う。

## 「他人事⇔自分事」の世界へ

### （1）ポストコロナの社会像

　とくに、大学教員として周辺で起こった出来事を通して、この社会でケアということが軽視されているという現実との重なりを実感させられた数か月であった。もちろん、大学教員の仕事なんて「ケア労働」といえるほどの仕事ではないかもしれない。しかし、具体的な場面で、主体としてどのように動いていくかを問わない限り、この社会をいくらかでも変えていくことはできない。新旧ともに教育基本

# 付表

| 号 | 発行年 | 月 | 特集テーマ |
|---|---|---|---|
| 1 | 1995 | 10 | 高校入試改革 |
| 2 | 1996 | 1 | 教職員をめぐる人間関係 |
| 3 | | 4 | 「学校制度と現代社会」ー教育システムを中心にー |
| 4 | | 7 | 中教審と21世紀の学校像 |
| 5 | | 10 | いじめ研究委員会の報告をめぐって |
| 6 | 1997 | 1 | 若者文化をよむ |
| 7 | | 4 | ユネスコ・教員の地位勧告をめぐって／教育評価の現状と問題点 |
| 8 | | 8 | 中教審第2次答申と教育改革／少女天国・日本 |
| 9 | | 11 | 戦後50年・教育論の転換／おたくカルチャーの行方 |
| 10 | 1998 | 1 | 現代に生かす教育基本法 |
| 11 | | 4 | 「学級崩壊」の深層／ポケモンから見える子どもたち |
| 12 | | 7 | 学校自立の条件／「からだ」の再生 |
| 13 | | 10 | 親と教師の関係論／悪や闇と「付き合える」生き方 |
| 14 | 1999 | 1 | 仕事に学ぶ／子どもは「変わった」のか? |
| 15 | | 4 | つながる・わかるー新・子どもと教師の関係論／インターネット社会の子どもたち |
| 16 | | 7 | 「学級崩壊」論を超えてー新しい学校像を探る／家族という居場所 |
| 17 | | 10 | 学校は、いらないのか |
| 18 | 2000 | 1 | 「生活の力」としての学力 |
| 19 | | 4 | 地域にできること |
| 20 | | 7 | 学校をどう改革するか |
| 21 | | 11 | 教育基本法の「きほん」 |
| 22 | 2001 | 1 | 少年犯罪が問いかけるもの |
| 23 | | 4 | 教育改革「第三の道」を求めて |
| 24 | | 7 | 学力低下論争を乗りこえる |
| 25 | | 10 | 学校を開く 情報を開く |
| 26 | 2002 | 1 | 学校空間が変わる 教育が変わる |
| 27 | | 4 | 教育基本法の「きほん」PART II |
| 28 | | 7 | 教育基本法の「きほん」PART III |
| 29 | | 10 | 教育基本法の「きほん」PART IV |
| 30 | 2003 | 1 | 教育基本法の「きほん」PART V |
| 31 | | 4 | 加速する能力主義・競争主義の教育 |
| 32 | | 8 | 教育基本法「改悪」の中教審答申を総批判する |
| 33 | | 11 | 「ゆれる」義務教育制度 |
| 34 | 2004 | 1 | 教職員の研修権を考える |
| 35 | | 4 | 教育と福祉の間をめぐって |
| 36 | | 8 | 新学習指導要領と「確かな学力」を問う |
| 37 | | 11 | あらためて子どもの権利 |
| 38 | 2005 | 1 | 戦争と教育―その歴史と現在 |
| 39 | | 5 | 戦後的価値の総決算―平和・人権・民主主義の教育が破壊される |
| 40 | | 8 | 持続可能な社会をつくる教育 |
| 41 | | 11 | 戦後教育60年―学んだこと、学ばなかったこと |
| 42 | 2006 | 2 | 追いたてられる子どもたち |
| 43 | | 4 | 憲法はどう教えられているか、どう教えるか |
| 44 | | 7 | 教育ばかりは「民」より「官」主導?なぜ? |
| 45 | | 10 | 「学びの地平」を拓けるのか、「学力」は正当に評価されているのか |
| 46 | 2007 | 1 | 時代は「インクルーシヴ教育」 |
| 47 | | 4 | 「改正」教育基本法は憲法違反だ |
| 48 | | 7 | 「学力調査」子どもたちに何をもたらす?／「集団自決」―これでも「軍の命令」がなかった? |
| 49 | | 10 | 「教育関連三法」と「教育再生会議報告」について／「日本の伝統・文化」理解教育 |
| 50 | 2008 | 1 | 「モンスター・ペアレント」? |

# 付表

| 号 | 発行年 | 月 | 特集テーマ |
|---|---|---|---|
| 51 | 2008 | 4 | 改訂学習指導要領の問題点 |
| 52 | | 7 | 世界の先生の一日 |
| 53 | | 10 | 道徳教育／子どもとケータイ・ネット |
| 54 | 2009 | 1 | 教員免許更新制度 |
| 55 | | 4 | 公教育における排除と包摂 ～高校教育と特別支援教育から～ |
| 56 | | 7 | 労働と教育をめぐって |
| 57 | | 10 | 子どもの貧困 |
| 58 | 2010 | 1 | 国際人権条約と教育 |
| 59 | | 4 | 新政権と教育政策 |
| 60 | | 7 | グローバル時代の公教育を展望する |
| 61 | | 10 | 子どもたちの育ちを考える |
| 62 | 2011 | 1 | 変容がすすむ学校という労働現場 |
| 63 | | 4 | 学校と地域づくり |
| 64 | | 8 | 教育総研20周年・教育のこれから |
| 65 | | 12 | 大震災と教育復興にむけて |
| 66 | 2012 | 2 | 共生社会と教育 |
| 67 | | 5 | 地方政治と教育 |
| 68 | | 8 | ICTと学校教育 |
| 69 | | 12 | 防災教育・放射線問題 |
| 70 | 2013 | 2 | 08年改定学習指導要領実施の現状と課題 |
| 71 | | 4 | どうなる？ 高校・大学教育改革 |
| 72 | | 7 | 2006年教育基本法「改正」以後の検証 |
| 73 | | 10 | いじめ―いま、おとながすべきこと／憲法と教育のだいじなはなし |
| 74 | 2014 | 1 | 体罰と懲戒―教育のなかの暴力と向きあう |
| 75 | | 4 | 外国語教育のいま |
| 76 | | 7 | 変貌する教育委員会制度／道徳教科化のデメリット |
| 77 | | 10 | 「教育再生」にふりまわされないために |
| 78 | 2015 | 2 | 希望のための企て |
| 79 | | 6 | 学力テストのやっかいな問題 |
| 80 | | 8 | 戦後70年のNO WAR |
| 81 | | 11 | 教育のなかの「合理的配慮」を問う |
| 82 | 2016 | 2 | 東日本大震災と原発事故から5年 |
| 83 | | 6 | 市民的政治文化を考える ―「主権者教育」について話す前に― |
| 84 | | 7 | 学力向上で解決？ 子ども・若者と貧困 |
| 85 | | 10 | 子どもを「支援」するということ ―教育機会の確保をめぐって― |
| 86 | 2017 | 1 | ゆとり教育に「ゆとり」はあったのか |
| 87 | | 4 | 学習指導要領 大改訂の大問題 |
| 88 | | 7 | 検証 教育基本法「改正」から10年 |
| 89 | | 10 | 労働倫理と余暇 働くことは生きること？ |
| 90 | 2018 | 1 | AIを恐れるって、なんだ？ |
| 91 | | 8 | 「ブラック校則」は、なぜはびこるのか |
| 92 | | 10 | 教育の民営化・多様化をめぐる誤解とねじれ |
| 93 | 2019 | 1 | 学校の安全と安心 |
| 94 | | 3 | 学校の安全と安心II |
| 95 | | 4 | Youth against establishment ―子ども・若者の体制への抵抗 |
| 96 | | 8 | 悩めるおとなに子どもが答える 子どもの知恵袋 SPECIAL |
| 97 | 2020 | 3 | 民意ってなんだ！？ |
| 98 | | 4 | アディオス！能力主義 |
| 99 | | 9 | 「探究型」の学びの行方―新高校学習指導要領の可能性と課題― |
| 100 | | 10 | クライシスの後で ―戻るべき「日常」とは？ |

法に書かれている（いた）ように、人格をはぐくみ社会の形成者を育てるということの意味をもっと深く認識することから始めるべきであろう。ここには、二つの要諦が潜んでいると解釈することもできる。

つまり、「人間の限界性」と「社会の限界性」である。やはり出発点は「人間の限界性」と「社会の限界性」を中心に置くということなのである。「いかにわかっていないか」「いかにいたらないか」ということを人間と社会の両方について理論的にも実践的にも徹底的に深めていくことがなければ、よりゆたかな学びや公平で生き生きした社会を構築することなどできない。どんなに立派な理論でも、ただの絵空事で終わる可能性が大きい。

これらの視点は、ポストコロナのあらゆる場面で欠かせない条件となるに違いない。その点は、じつは教育総研の今後についてもあてはまる。

### （２）教育総研のこれまでとこれから…

教育総研は、さまざまな実践者・研究者等が知恵と力を持ち寄り、日本教職員組合との関係もまた時代状況をふまえつつ変容させながら、丁寧に受け継がれてきた。一九九五年から発行された『教育と文化』はついに一〇〇号に達したのであるが、試みにこれまでの特集を表にまとめてみた（前頁付表）。政策動向だけでなく学問や教育現場の実情をできるだけ深く認識しながら、多方面の興味深いテーマを取り上げてきたことがわかる。

四半世紀の歴史の中で、学問分野や校種等の違いを超えて数多の執筆者が貴重な論考を寄せてくださったことになる。前身の国民教育文化総合研究所からの伝統であろうが、研究所名に「文化」が入っていることの意味を改めて深く考えさせられる。

特集のテーマは、学校空間で現象化する諸事象（学級崩壊、いじめ、不登校、学力低下など）に引き寄せられたこともあった。あわせて、子どもや若者の「変化」にフォーカスしていた時期もあった。一概には言えないが、教育のリアルな状況に向き合い認識を深めることで、世に言う「学校問題」を生み出す背景を解きほぐすことが急がれた時代だったのかもしれない。ほどなく、新自由主義・新保守主義の教育改革が跋扈するにいたって、これらを意識した政策指向（批判）的な特集が比較的目立つようになる。子どもたちを取り巻く厳しい環境変化をふまえることなく繰り返される教育政策の誤りを正したいと「研究をベースに打ち返すこと」が繰り返し試みられたように見える。近年では、能力主義（論）の問題など根源的なテーマに果敢にチャレンジする姿勢も強まっている。経済社会の再配分構造や権力の布置状況と主体化＝服従化の問題など、構造的な矛盾を支えている仕組みや社会規範、そして、それぞれの行為者のありようを深くえぐり出すことで突破口を見つけ出そうという挑戦的な試みが始まっている。一見すると、教育実践から遠くなっているように映るかもしれないが、じつはまったくそうではない。むしろ教育や子どもの現状をめぐる厳しさを真剣に問い直そうとすればするほど、構造的な問題から目を背けることの限界に気づくようになる。

　研究の進展の結果として、当事者が互いの対話を通して自分（たち）の言葉をつむいでいくためのささやかなヒントを提供し、硬くなった思考を揺さぶり、こう考えてもいいのかもしれないと思えるようになるとすれば、それこそ内実を伴ったエンパワメントになる。言葉を換えれば、既存の社会では正当な報いを得難い類の「ケア」（他人事＝自分事）を軸にしつつ、本研究所とこの雑誌は、教育と社会の現実をしっかりと見据え続けてきたと言えるのではないだろうか。たとえば、無批判に既定の政策遂行に乗っかるのではなく、ちゃんと一人ひとりが社会像をはぐくみ主体として回復していくことを忘れないこと、ミドル・レベルでは身近な仲間を気遣うことのできる組織をイメージし、いっしょに場を創っていけること、マクロ・レベルでは経済・政治をめぐる厄介な事象にもしっかり切り込んでいくことで、教育と社会の再構築を意識した取り組みを展開していくこと…。これら三点を上から目線で説き起こして満足するのではなく、それぞれの認識を鍛えつつ場をいっしょに創るアクティヴィストとして育ち合い、ゆたかなつながりをつむいでいくこと。これが、これからの最重要課題となるように思う。教育と社会をよりよく変えていくこうした動きの結節点に、教職員組合を含めた関係者・当事者が位置している。

　切断線や境界をまたぎ超えた社会を丁寧に構想し、政策の誤りをきちんと正しつつ、ささやかでも新たな果敢な試みとつながりながら応援する研究所であることが、どこにもないこの研究所のミッションである。粘り強く刊行し続けられてきた『教育と文化』が休刊になったことについては、忸怩たる思いがある。これはコロナ前の決定によるものではあるが、いま一度ポストコロナの教育総研像を立ち止まって考えてみたい。既成社会の「狂った日常」を浮かび上がらせてこそ、コロナをくぐった経験もいくらかは意味があったということになる。私たちは一連の経験に「意味があった」と言える希望の見える方向に歩みを進めなければならない。未だ見ない未来の世代とともに…。

## 表紙のこと

プラム・プラムです。『教育と文化』がとうとう休刊になってしまいます。五年間という短い間でしたが、かなり自由に仕事をさせて頂き、みなさまには感謝の気持ちしかありません。この雑誌には特に力を入れて仕事をしてきました。残念です。私事ですが、私が二〇年にわたって非常勤を勤めてきた某校の仕事もカリキュラム再編に伴って来年度からはなくなり（なかなかいい「先生」だったと思うのですが…）、私の収入は今後大変なことになるわけですが、どなたかお仕事を紹介していただけたらありがたいです…。

①宮城県石巻市雄勝の獅子舞。②熊本城。③韓国の伝統舞踊〈鎮魂の舞〉。イラストのモデルは舞踏家の金順子氏。現職東京都知事は、墨田区で開かれた「9．1関東大震災朝鮮人犠牲者追悼式典」に追悼の辞を送ることを四年連続で拒否。④現在も続き、多くの「逮捕者」を出しているベラルーシのデモ。⑤豪華クルーザー。一台数億円するクルーザーの売れ行きが好調とのこと。ポオの『赤死病の仮面』に描かれてあるごとく、ある種の人々はクルーザーに籠もろうというのでしょうか、コロナによって世界的に多くの人が仕事を失う中、貧富の格差が拡がっているとの指摘が。経済が停滞するとき、「組織」が緊縮によって生き延びを図るとき、自らの構造やシステムを問うことなく、仕事の意義や理念を検証することもなく、切断と排除ばかりが繰り返されているのだとしたら…。⑥小説家アルベール・カミュ。⑦COVID―19。⑧赤い空。九月に米西海岸で発生した大規模な山火事が原因でサンフランシスコの空が真っ赤に染まったとのニュース。経済と環境という問題が、どちらかを採れば良いというような簡単な結論には至らないであろうことを、コロナ禍は明らかにしたように思います。


教育と文化　通巻 100 号
2020 年 10 月 25 日発行
編集人　菊地栄治
編集　一般財団法人 教育文化総合研究所
デザイン　PLUMP PLUM（プラム・プラム）

発行人　則松佳子
発行　（株）アドバンテージサーバー
東京都千代田区一ツ橋 2-6-2 日本教育会館
TEL 03-5210-9171
FAX 03-5210-9173
URL https://www.adosava.co.jp/
印刷　シナノ印刷株式会社
ISBN 978-4-86446-071-2